JN179251

# バック・トゥ・レトロ
## 私が選んだもので私は充分

ドミニック・ローホー
原秋子訳

講談社

# はじめに

簡素な生活をあこがれることは、
まさに人間の最も高い運命を完成しようとあこがれることです。

――シャルル・ヴァグネル、19世紀フランスの牧師・哲学者、
『簡素な生活』大塚幸男訳、講談社学術文庫より

作家の谷崎潤一郎は、昔ながらの古風なものが、時代の変化にともない姿を消していくことを嘆きました。映画監督の小津安二郎は、映像を通して、過ぎ去った時代を名残り惜しみ懐かしむ人間のメンタリティーの変化を見事に表現しました。

こうしたテーマはどの時代においても反復されるものなのです。

昔を懐かしむのはよい記憶が残っているからです。余分なものが削ぎ落とされた

レトロへの回帰は、結局のところ、よりシンプルな生活を知ること。室内をレトロっぽくコーディネートすればよいというものではなく、レトロと呼ばれる時代に生きた人たちのメンタリティーを、たとえば私たちの祖父母（現代の若者たちにとっては曾祖父母に当たるでしょうか）の良識、環境やものとの変哲のない、でも確かに豊かだった関係を再発見することなのです。

シャルル・ヴァグネルは、「過去を復活させることは不毛であり、危険である。しかし、社会の発展においてもっとも重い過ちのひとつは、人間が幸福を自分の内ではなく外に求めている点である」と述べています。

レトロへの回帰はなにもあと戻りを意味するのではありません。「古き良き時代」への郷愁でもないのです。現代のよいところを取り入れ、今の私たちでも手に入れることのできる、良識のある簡素な生活を求めていくことなのです。

この本の中でいうレトロの対象となる時代は、大まかに工業化時代の始まりから携帯電話の出現までと位置づけています。

そして現在、ＩＴの進化で大きく変わった生活の中で、過去を懐かしむというメンタリティーの背景には、とても重要な意味があると考えています。私たちは今、「本質」に返るときと直感しているのでしょう。

現代社会が私たちから何を奪い、何を与えてくれているのかについてよく考えてみましょう。

地にしっかり足をつけ、賢明に、ゆっくり悠々と生きていきましょう。

これからも私たちは、先人の知恵も借りながら、この世の中での幸福な生活を追い求めて生きていくべきだからです。

２０１８年11月　クリスマスイルミネーションが美しい故郷にて

ドミニック・ローホー

# 目次

# 1 小さな習慣で満足に暮らす

2

## 幸せをつくる選択肢

# 3 こんなものたちと暮らしたい

# 4 衣食住に、「良識」という贅沢

## 5 お金や仕事と悠々とつきあう

## 6 快感に溺れず、幸福をつかむ

# 7 ネットとのシンプルなつながり方

## 8 私たちの美徳を発揮する方法

## 9　デジタル化から自由になるためのヒント

## 10　レトロ、人間が中心の生き方への回帰

# 1

# 小さな習慣で満足に暮らす

Habit

# 一日にたった1回だけの「小さな習慣」

アメリカ、スタンフォード大学の行動科学者であるB．J．フォッグ氏が、「微々たる習慣」と呼んでいるものは、たとえば腹筋運動を1回だけする、読書は一度に1ページだけ読む、という具合にほんの少しだけ行う習慣のこと。

たとえば今日一日に使った費用をその日のうちに記録する習慣ができると、まとめて月末に計算するよりも無駄な出費も防げるというもの。

習慣は、それがどんなに小さいものでも、私たちにとってはパワーと備えになるのです。

自然に習慣化するヒントは、一日のスケジュールを仕事、休息、家事、食事、入浴、睡眠というふうに時間割に組んでみるという方法。

すると、やるべきことも自動的に決まってきます。「構造」は順序を定め、同時に順序を「作るもの」でもあるのです。そうなると、時間に追われているという拘束感もさほど感じなくなるのではないでしょうか。「ノー」と断ることも、前よりも簡単にできるようになるかもしれません。

最近、いわゆる時間割というものがあまり見られなくなりました。しかし、食事や睡眠に関しては、自然界のほかの要素と同じようにリズムがあります。私たちもそれに逆らわず自然に敬意を表した生活リズムにするべきです。

夜間は携帯電話の電源を切り、メールは見る回数を決めましょう。そして紙の手紙と同じように、メールは読んだらすぐに返事をし、削除、保存、または保留フォルダーに分類しましょう。

なぜ規則正しい生活が大事かわかりますか。

昔と違い、望みさえすれば、私たちは何にも邪魔されずに好きな時間にしたいことができます。明け方の3時に寝て、朝の10時に起きてもいいわけです。しかし不規則な生活を続けていると、数ヵ月後、数年後に、そのツケを自ずと払わされる羽目になります。

私たちの祖父母が生きていたころの規律ある生活は、自分を困らせるためではなく、わが身を心身ともに健康に保つためにあったというのは明らかですね。心身を気遣うことは、彼らにとってはひとつの美しい生き方でした。

きちんとたたまれたリネン、丁寧な筆跡、規則正しい時間割、これらはすべて良識ある暮らし方です。滅茶苦茶な慌ただしい生き方は大人ではない証拠でした。

今日、不規則な生活が精神に害をおよぼすことは科学的にも証明されています。その逆の生活は精神状態を健やかに保ち、心を軽くするのです。

## 「今」を満喫する人はリタイア後もずっと幸せ

「私たちは実体験に関してどんどん乏しくなってきている」と、ドイツの哲学者ヴァルター・ベンヤミンは1世紀ほど前に書いています。

今、私たちは凄まじく速いテンポで生き、経験を積み重ねてはいますが、残念ながらその個々の経験は上滑りで、そこから自分の人生の物語を組み立てるほどの経験は極めて少なくなっています。

世の中の技術革新による急速な変化が、その原因でしょうか。たとえそれがいいことであれ、そうした変化は人々に自分で自分自身をコントロールできていない居心地の悪さ、不安、不満足感を引き起こしているのです。

私たちはつねに、次に行く旅行、次に買う家、次の出世、というように、「将来」に目を向け、目標を掲げてはいますが、それが逆に私たちの意識を鈍らせ、「現在」を充分に満喫することを妨げているのです。

現在にしっかり根差した時間のすごし方を習慣にしてみませんか。コーヒーブレイク、森林浴、芸術に親しむ……。楽しみを日常の中から見つける工夫をしてみましょう。趣味、仕事以外の活動など、このような身近な余暇が仕事でのストレスを緩和し、リタイアしたあとも退屈せずにすごせるようにしてくれるでしょう。

## やりたいことを減らして時間を取り戻す

時間に関する価値観の違い、これが昔と今の生活のもっとも大きな相違点です。

現代に生きる私たちは、時間をつくるためにこれだけ苦労しているのに、いつも時間が足りないと思うのはどうしてでしょう。

その答えは簡単です。私たちにはやりたいことが多すぎるのです。

その一方で、社会はその回転速度を少しも遅らせようとはしていません。それどころか、365日開いている店、夜遅くまで営業している美容院、というように、ニーズがあるとはいえ、私たちが使える時間を目いっぱい埋めさせようとしているようです。

問題は、この「時間」を私たちが良識と理に適《かな》ったかたちで管理できなくなっている点です。

ここで私たちが忘れていることは、時間は自分自身で管理するものであるということ。なぜなら、私たちに委ねられているこの時間こそが私たちの「人生」なのですから。

## 「自分でできることは自分でする」だけ

私たちの騒々しい世の中では、
目利きや愛好家の価値がまったく低くなってしまった。

——イーディス・ウォートン、アメリカの作家、
『過去への一瞥』より

ほとんどの人たちがつねに忙しいように見えます。しかし実際は、そういう人たちの多くが死ぬほど退屈しているのです。
もし「退屈する」ことに発がん性があると誰かが言ったとしても、私は恐らく驚かないでしょう。それは仕事が分業化され、今までの独立した面白い仕事がうんざ

りするような束縛される仕事になってしまっているから。

退屈から逃れるシンプルな方法は、「自分でできることは自分でする」ということです。「レディーメイド」というアメリカの雑誌の成功がこれを証明しています。

たとえほかの人の目には滑稽に映るようなことでも、自分が好んですることを恥じることはないのです。ほかの人たちにとって興味深いことが、反対にあなたにとってはつまらないことかもしれませんからね。私たちは、自分を幸せな気分にしてくれるもので自分を鍛えるようにすべきなのです。

## 「ゆっくりと生きる」ことを学び直す

私の考えるところでは、人間の教養とは、本来閑暇《かんか》の産物である。

それゆえに、教養の法は、必ず優遊《ゆうゆう》の法である。(中略)ばたばたする人間は賢者の資格がない。されば最高の賢者は、もっともおくゆかしい優遊《ゆうゆう》の生活を楽しむ人のことである。(中略)われわれがどうやらこの一生を生きていけるのも、生活に閑暇《かんか》あってこそなのである。

——林語堂、中国の学者・評論家、『人生をいかに生きるか』(上) 阪本勝訳、講談社学術文庫より

時間は貴重で、その分別ある使い方は私たち次第。時間を引き延ばすことはできません。それゆえに、時間を充分に「とること」を学んでみましょう。

たとえば「緩慢さ」を「退屈」と同一視するのは考えものです。この「緩慢さ」によってできたゆとりの時間は、健康のためだけでなく、創造性のために私たちになくてはならないものだからです。

私たちの脳はとりとめもなく自由に放浪し、面白いアイディアを思いつきます。4つの壁で仕切られた空間の中で、このように脳を解放させるためには、分刻みの時間ではなく、まったりとした緩慢な時間が必要になるのです。そして、この効果はノーベル賞を受賞した科学者たちによって証明されています。

ところが、どうも私たちは、時間をひとりひとりに均等に与えられた空の収納スペースのイメージでとらえているようです。

特に仕事のうえでは無情なスケジュールに縛られているため、空いた時間はとにかく埋める、時間を無駄にしてはいけないと考えるため、何もしないでボーッとしていることに罪悪感を覚えてしまうのです。

家にいるほうが居心地がよい、と感じるのであればそうすればいいのです。これは、遠回しに「人とは会いたくない日もある」と言っていることと同じです。有名ジャズアーティストのリサイタルの招待を断ってでも、本当にしたいことを優先させましょう。

誰もが自分に、「一日何もしない安息日」を設ける自由を許可するべきです。それは特に予定もなく、好きな本を読み、その本を置いてコーヒーを飲み、また本を読み、あるいは昼寝をするというような贅沢な時間のすごし方。

それだけ私たちは「ゆっくりと生きる」ことを学び直す必要があるのです。

## 掃除は瞑想と同じくらい心を清める

服はきれいにアイロンがかけてあり、しわひとつなく、グレイの縦じまの紙で飾られた3つの引き出しに収められていた。

——マリー＝エレーヌ・ラフォン、フランスの作家、
『最後のインディアン』より

かつての規則正しい生活に欠かせなかったのが、日々の掃除です。昔の人は掃除に心の内面までも清める作用があることを知っていました。そして掃除は、ほかのことを始める前に朝するものと決まっていました。禅宗においては、掃除は精神修養のひとつで、瞑想と同じくらい重要視されています。

早朝の掃除で、まだ日の出ぬ前にピリピリと肌を刺す冷たい空気に身を晒《さら》すことが、自然に心を引き締め、新たな一日を始めるためのエネルギーを生むと言われています。また、箒《ほうき》で掃くことはその場を清めるだけでなく、澱《よど》んでいた心にも新たな風を吹き込むのです。

静けさの中、まだ世間が眠っているうちに黙々と掃除をすると、心も清められ、思考も冴え渡ります。そして、人々が起き始めるころには、その日の仕事にすぐに

でもとりかかれるのです。

これは誰もが知っていることで、実際に昔は誰もが実践していたこと。このような生活を送ることが、日常を充実させる秘訣でもあるのです。

## スケジュール優先か自分優先かに気付く

心から楽しむためには、自分がしっかりした一つの基礎の上に立っていることを感じなければなりません。
人生を信じ、人生を自分のうちに持っていなければなりません。
そしてこれが現代のわれわれに欠けているものなのです。(中略)
あらゆる性質の過度な濫用がわれわれの官能をゆがめ、

われわれの幸福を享ける能力をそこなったのです。

——シャルル・ヴァグネル、19世紀フランスの牧師・哲学者、『簡素な生活』大塚幸男訳、講談社学術文庫より

「忙しい」。これこそが、今の社会に受け入れられ、認められた時間のすごし方のようです。

現代人はスケジュールがいっぱいに埋まっていることが、自分が周りから認められ、人生に目的を持って生きている証だと信じているのです。

したがって私たちは、仕事の予定や人とのアポイントを目いっぱい入れます。散歩に行くことも、本を読み終えることも忙しすぎてできない。

「忙しい」せいで、「もし忙しくなかったら私は誰?」と、自分自身に問いかけてみることさえもできないのです。でもそれは、私たちが単に存在するための時間を充分にとっていないだけなのです。

# えんどう豆のさやをむきながらくつろぐ

今の人たちはリラックスすることができなくなっています。

――原田みちこ、編集者

「日常」とは、私たちがもっともふんだんに持っているものです。とはいえ、その日常を私たちはネットにつなげてすごすことに使いすぎてはいないでしょうか。静かに降る雪、霧雨、さんさんと輝く太陽……。仕事のない日は外気に触れて、自然の移り変わりを感じられるようなすごし方をしてみてはいかがでしょうか。

自然と接することで私たちの心の縛りはゆるみ、生活にもよりシンプルな要素が加えられます。キッチンでえんどう豆をさやから取り出すというのでもいいのです。すると春の気分が盛り上がります。少しでも電子的な雑務から遠のき、幸せな時間を味わうようにしてみましょう。

また、散歩は誰にでもできる、まったくお金のかからないレトロな楽しみです。フランスでは昔は日ごろの習慣のひとつとして、日曜日、または夕食後、あるいは夏の早朝などに散歩に出掛けたものでした。体の筋肉を動かすためだけの楽しみとして歩く。ただひたすら歩くだけ。

1時間も2時間も、目的も定めずにただ散歩するということは、多くの人たちにとっては無駄なことのように映りますが、実際には大切なことなのです。

世間から離れて、流行から離れて、消費生活から離れて、たとえばまったく対極にあるポケモンGOのような集団の狂騒からも離れて、思考したりしなかったり、夢を思い描いたりしながら……。これは存在の極めてシンプルな楽しみのひとつなのです。

散歩をすると、私たちは不思議と落ち着きを取り戻し、自分自身の本源に立ち戻った気分になります。

歩くことは体のためだけでなく、精神面においてもよいものです。なぜならば、体の調子がよいと自ずと機嫌もよくなってくるからです。自然との接触はそれに大きく関わっています。

## 不満を解消する「手を使う」コーチング

私のためには、草花は晴れやかな解放と喜ばしい覚醒の象徴《しるし》である。
あるところで、はっと目から鱗が落ちた。
それまでは、そうと知らずに闇の中を歩いていたと言うまでの話だ。

——ジョージ・ギッシング、イギリスの作家、
『ヘンリー・ライクロフトの私記』池央耿訳、光文社古典新訳文庫より

企業でコーチングをしている友人のアンヌ＝マリーは、オフィスで働く従業員の多くはいわゆる「手ごたえ」を求めているのに、仕事が分業化され、自分たちが携わっている仕事の結果を見られないことに腹立たしさを感じていると言っています。彼女はそういう人たちの、現実とのギャップを回復させるために、結果を自ら実感できる「手を使う作業」、たとえば釣りや料理、裁縫などに取り組むことを勧めています。

なぜなら、それにより現状の仕事がより受け入れやすくなったと言う人が多くなったからです。そのうえ体を使って取り組む作業は、私たちがどれだけ疲れているのかを実感させてくれるので、休養が必要かどうかも自覚させてくれるのです。

そして、あなたの仕事がつねに人と接する類の仕事であるのなら、休みの日はできるだけひとりですごすようにしましょう。読書、自然の中を散策する、ヨガ、静かなカフェなど居心地のよい場所でお茶を飲みながらひとりくつろぐ、という具合に。

週日ずっとオフィスに閉じこもり仕事をしているのなら、カメラを持って週末は屋外にくり出しましょう。アメリカのファッションエディター、ダイアナ・ヴリーランド氏は、写真を撮ることは被写体を視線で追いかけることなので、「目に旅をさせる」と表現しています。

たとえば友人のひとりは、休みの日に道端に咲いている小さな野草を写真に撮り、その名前を図鑑で調べるのを楽しみにしていると話してくれます。

# 旅の目的は知られざる人になること

幸せな人たちは、わざわざ楽しい時間を得る必要はない。

――ジャン・スタッフォード、アメリカの写真家

私には、最近の日本人はくつろぐことができなくなっているように見えます。

川端康成の『古都』を読み、この本に出てくる散歩ルートに沿って京都の街を歩いてみるというのも面白いかもしれません。決まった見方ではなく、違う角度で同じものを見るというのも新しい発見につながります。

私の日本の友人のひとりは、美術館を訪れても鑑賞する作品はたったの1点のみと最初から決めて行きます。その作品を「充分に味わうため」だそうです。

これは旅でも真似できます。分刻みであちこち観光して疲れを溜めるよりも、狙いを定めてある地区だけ、というように的を絞った観光をするほうが、出費も少なく、素敵な時間をすごせるでしょう。

五感を覚まして、その場の雰囲気に浸り、沈黙の中、ゆったりと時間をかけて見、聴き、味わい、そして夢想にふけるのです。

旅の本当の目的は自分を忘れ、知られざる人になること。あるいはもっと詩的な表現をするなら、「ただ忘れるためだけ」に旅をするのです。銀行家は地元ではなかなか普通の人として扱われにくく、自分が銀行家であることを忘れることもないでしょう。でも、旅先ではただのひとりの人として周囲とふれあえるわけです。

また、なにもわざわざ遠くに出かけていく必要もないかもしれません。あなたが住む街でも、ぶらりと散歩に出たときに過去の遺跡を発見することもあるでしょう。東京の下町を描いた永井荷風の小説に出てくる人物のように、自分の街を再認識してみるのも悪くありませんよ。

Choices

# 2

# 幸せをつくる選択肢

# 選択肢が多いほど不安も多くなる

みなさんは、こういうお話をご存じですか？

いつも同じお人形と遊んでいる女の子がいました。クリスマスが来て、周りの大人が次々お人形をプレゼントしたので、お人形は6つになってしまいました。

するとその女の子はお人形遊びをぱたっとやめてしまったのです。大人たちは「どうして遊ばないの？　あなたはお人形遊びが大好きだったじゃない？」と尋ねると、女の子はこう答えたそうです。

「あんなにたくさんのお人形とは遊べないわ」と。

確かに、「選択すること」は人生をよりよくするのに役立ちます。選択という行いそのものが、自分の人生を自分でしっかり把握し、自立するための一助となります。しかし、選択肢が多すぎることは不安を招き、ストレスを生じさせ、不満足な状態をつくりだす原因ともなると、もうみなさんも気付いているかもしれません。

現代の本当の問題は、選択肢が足りないことではなく、多すぎることなのです。次々と決断を迫られる状態は疲れます。これほど多くの選択肢のある生活は、人類史上いまだかつてなかったでしょう。

## 後悔しないでジーンズを買う方法

だが少なくとも、ジーンズを買うという用事は五分ですんだ。いまやこれが、複雑な意思決定の問題となり、

わたしはやむをえず時間と労力を注ぎ込み、
さらに少なからぬ自己不信とストレスと恐怖を味わった。

――バリー・シュワルツ、アメリカの心理学者、

『なぜ選ぶたびに後悔するのか～「選択の自由」の落とし穴』

瑞穂のりこ訳、ランダムハウス講談社より

確かに今の時代、私たちが享受している「自由」は、家庭や性、宗教あるいは政治といった義務から人々を解放してくれるものかもしれません。

ところが、私たちが生きている世界はますます複雑に、また人間を疎外するものになってきています。調和のとれた生活を送ることが難しくなり、生きる喜びが感じられずに不安が募り、鬱《うつ》に悩む人の数はどんどん増えています。

私たちは洗濯や買い物といった雑務こそ減り身軽になりはすれ、心はさほど軽くなっていないような気がします。

アメリカの心理学者バリー・シュワルツ氏は、ベストセラーになった彼の本の中で、選択肢が多ければ多いほど、迷いや不安といった否定的な側面が表面化してくると言っています。

地方に比べると何かにつけ選択肢が多くなる大都会において、ストレスに苦しむ人たちが多いのもそのせいでしょう。そういう人たちは最善の選択ができたのかどうかもわからなくなり、そこから後悔や、機会を逃したかもしれないというネガティブな感情が生まれるのです。

その昔、フランスでテレビが登場したころ、放送番組はふたつのチャンネルしかありませんでした。翌日の職場では、同僚たちが同じテレビの話題で盛り上がったものです。

今の私たちは、インターネット上でいちばん話題になっているものを見逃してはいないか、世間を騒がすゴシップを知らずにいて流行遅れと見られてはいないかと、いつも戦々恐々としているのです。

# 投資や車から美容整形まで、何でも選べる不幸

私はお気に入りの本を何度も読み返したり、同じ映画を何度も観たりするのが好きです。食べるものもほとんど毎日同じようなものを食べています。以前に訪れた場所に何度も足を運ぶのも好きです。

――グレッチェン・ルービン、アメリカの著述家

ある時期までは、私たちはもっと呑気《のんき》に生きていたように思います。ものごとを決める際に選択肢が少なく、比較のしようがなかったからでしょう。

ところが今は、消費社会が「ご自分でお考えください」というメッセージで私た

ちを悩ませます。

ではたとえば、専門知識のない者は、どうやって自分のお金を運用したらいいのでしょう。病気になったら、どのような治療法を選ぶべきでしょう。車を購入する際も、どの車がいちばん安全で燃費がいいのか、アドバイスはしてくれますが、決めるのは結局自分です。

私たちは外見も選択できます。自分の容貌に自信がなければ、整形するかどうかも選択肢のひとつです。

選択をするのに人は、メンタルに使う時間の約20%を使っていると言われています。そして選択肢が多くなればなるほど、私たちの満足度が低下していくとも。

多くの選択をしなければならない状態は、私たちを麻痺させます。そして、選択するものも少なくシンプルだった一昔前を思い出しながら思うのです。魔法の妖精が現れて、代わりに選んでくれたらどんなに楽なのに、と。

# お気に入りを見つけたらもう比較しない

大型の商業施設は私たちをゾンビに変えてしまいました。
街の中心にある大通りを散歩することも私を辛い気分にさせます。
店主の個性を感じさせる変化に富んだ店が軒を連ねていたのが、
今はどこにもありません。
成長目指しての競争と大規模経済は自立心を追い払ってしまいました。
時代がかった店をたまたま見つけたりすると、そのたたずまいの優雅さ、
オリジナリティーは虹のように輝いて見えるものです。

――トム・ホジキンソン、イギリスの著述家・ジャーナリスト
『自由になる技』より

ある実験によると、被験者にスナック菓子を数週間分選ぶように言うと、みな違う種類のスナック菓子を選んでくるのですが、「1週間分だけ」と期限を定めると、彼らは決まってお気に入りのスナック菓子のみを選ぶのだそうです。

覚えておいていただきたいのは、人は何かにつけ変化に富んだものを欲しがりますが、結局のところ、いつも同じようなものが好きだということ。

私たちはまた、デパートに陳列される服の種類は多いほうがよいと思うのに、朝、鏡の前に立つと、いつも同じ服を選びたくなります。

ですから、もしあなたが「白」が好きならば、白い服だけを買うようにしたらいいと思います。「私が欲しいのは白」と自分自身に言い聞かせてみましょう。

たとえば、ジャムの試食が3〜4種類以上あると売れ行きは鈍るそうです。それが試食を2〜3種類にすると、進んで一瓶買っていくそうです。それほど選ぶことが無意識に努力を要するということがわかります。

それゆえ、好きなホテル、好きなソース、気に入った名刺のデザインを見つけたら、もうそれに決めて変えないことです。たくさんの選択を避けるための秘訣は「比較しないこと」です。満足度の基準を90％で甘んじるようにしましょう。

## もの選びは「まあまあOK」で手を打つ

選択肢が限られていた一昔前のように、持っているもので満足してみましょう。新製品や改良品に惑わされないように。世間に出回る新製品を手に入れず流行遅れになることなど、心配するにおよびません。

自分の選択は「不可逆的」、そう決めたら心理的に苦しまずにすみます。試しに取り換えの利かない店で買ってみるのもいいかもしれません。

マーケティングにも用心しましょう。つねに今持っているものよりもさらによいものがあると信じ込ませて、あなたを洗脳しようとするでしょうから。

完璧を求めるのは終わりのないレースです。あまり要求高くなるのをやめて、「まあまあOK」のところで手を打ってみましょう。そうして受け入れることは心に安らぎをもたらします。

「そのお金で代わりに何ができた」などとは考えないことです。

## 私が選んだもので私は充分

後悔しないための秘訣は「自分が選んだものはよいもの。ほかにももっと優れたものはあるかもしれないけれど、私が選んだもので私は充分」と自分に言い聞かせることです。

この控えめな姿勢で臨めば、あなたはより楽観的になり、落ち込むことも少なく、ずっと満たされた生き方ができるでしょう。いずれにせよ、およそ誰でも自分の得意分野というものを持っていて、自分にとって最高と思えるものをちゃんと選べるのです。

とはいえ、あらゆる分野を知りつくしている人などいません。たとえば、あなたが魚については詳しく、かなりのこだわり屋さんだとしましょう。でも、毎日乗っている自転車に関してはごく普通の自転車。それでも結構満足しているはずです。

## 人生はもう少し無頓着なほうがいい

私はいつも手作りのクッキーを、昔よく祖母が使っていたようなブリキの缶に入れて保存し、突然の来客時にお茶と一緒にお出しすることをマイルールにしています。

選択肢を減らすための秘訣のひとつは、自分で決めたルールに沿って生きることです。

たとえばパソコンでも、使うフォントはいつも同じと決め、それ以上そのことは考えない。ブランドにしても、いつも使っている同じブランドにして、新しいブランドが登場しても見ないことにする。買い物は週に1回だけというように。

つまり、選択肢を少なくすると決めることも、ひとつの選択なのです。いつどこで、どのオプション、どの選択をやめるのか、これはひとりひとりがそれぞれ決めればいいことです。

そうして少しでもレトロな無頓着さを、再び見いだしてみませんか？

## なぜ、若者は昔の職人にあこがれるのか

現代に生きる私たちは、古い慣習からも解き放たれ、自由で新しい生き方、考え方を享受できるようになりました。かまどで煮炊きをしていた時代、女性には選挙権も与えられず、避妊用ピルも許されなかった過去の生活に戻りたいと思っている人は誰もいないでしょう。

今の私たちには、どの時代にも通じる普遍的な価値観を知る権利、そしてそれらを好きに選択できる幅広い「選択の自由」が与えられています。

こうなる以前は、その時代の文化がどうであったにせよ、これほどのチャンス、あるいは生き方や生きる知恵を得る機会は与えられていなかったはずです。

でももしかしたら私たちは、選択する自由を手にしているつもりが、実は自分た

ちを縛っていた束縛を捨てて、また新たな束縛にはまっているということはないでしょうか。

今、私たちは新たな喪失、新たな病、新たな〝生き難さ〟と居心地の悪さに苦しんでいます。

インターネット経由の楽曲ダウンロード数が増える一方で、昔ながらのLP版レコードが売れたり、テレビでは１９５０年代のムードを醸し出すコマーシャルが流れたり、昔の職人に触発されて多くの若者が手作業や農業の仕事に向かうようになってきた現在の風潮は、見方を変えれば、私たちへの警鐘に思えてならないのです。

ひとつ確かなことは、少なくとも現代人の多くが、よりゆるやかな、ストレスの少ない、より自然に近くて安心な、そしてより「人間的」な生活の必要性を感じているということです。

この本ではそもそも、近年流行のレトロなものたち——１９６０年代のカラフルなカーテン、リノリウムの床といったインテリアや、伝説のギタリスト、エディ・コクランなどを紹介するつもりはありません。

そうではなくて、シンプルな目で見て、現代の私たちが「選択を迫られている」と認識する必要があることを伝えていきたいと思うのです。

ひとつの「選択」は、裏を返せば「放棄」という犠牲を必ずともなうものであるということ。それは簡単に見えても、実際には決してやさしいことではありません。

それでも、その「犠牲」の果たす役割の意味がきちんと理解できれば、そこから生じるフラストレーションや困難も、私たちは納得して受け入れられるのではないでしょうか。

# 3

# こんなものたちと暮らしたい

Live

# 質のよくないものを買うほど私は金持ちではない

質のよくないものを買うほど私は金持ちではない。

――ユダヤのことわざ

似たようなことわざは多くの言語において存在します。

確かに、ウールのひざ掛けや天然素材の布地と、それを収めるのにぴったりな木製のチェスト、上質の革で作られた靴やバッグ……、品質のよいものは修理して長く使え、大量消費によるゴミや自然破壊といった環境汚染から私たちを守ります。

手工芸品は先祖代々の伝統を引き継ぎ、そこから作り手の知恵や誠意が伝わり心を養います。品質のよいものは、私たちの健康にも、生きる喜びにも貢献してくれるのです。

コンロに直接載せて沸かす昔ながらのイタリア製のコーヒーポット、日本のつげの櫛、料理用スパチュラなどは、親から子どもへと代々引き継がれていくものです。このようなレトロなものたちが今日もなお愛用されているのは、それらが時代を経て選び抜かれたものである証なのです。


私がこの本で述べたい「レトロ」とはまさにこうしたことなのです。

つねに無理をして、より上の生活を追い求めていく駆け足人生をやめること。ブランドよりもずっと一緒にいたいデザイン、頑丈で便利、流行に左右されないものに囲まれて生活することなのです。

たえず新製品を追い求めるのではなく、すでに持っているものに満足し、それらに愛着を持って暮らすこと。自分の持ち物の数を一定に保ち、「私にはこれで充分」と納得することなのです。

# 身近な道具が過去の価値観を教えてくれる

ものの古色は時間や空気や自然が刻んだものですが、
それらを使用した人間のエネルギーもそこに刻まれているのです。
それだからこそ、私は全面的なリノベーションよりも
繊細な修復作業を好むのです。
何ごとにも昔どおりの趣を出すことはできません。
時が必ず新たな次元をそこに加えるからです。
古色が見せる厳しさと美を受け入れるためには
「時間」が仕上げをするということを
理解しなければなりません。

――アクセル・ヴェルヴォーツ、ベルギーのインテリアデザイナー、
『思い出と考察』より

「新発売」「新感覚」――商品についている「新」という言葉は、コマーシャルなどでくり返し使われ、私たちを魅了する魔法の言葉です。でも、これらの商品を「新しい」ということで一度は試してみても、結局は今まで使っていた定番の商品に戻ることが多いのではないでしょうか。

それは間違いなく、定番商品には長期間使用されてきたことで証明された使い勝手のよさ、それに加えて品格のようなものまでもが備わっているからです。そして何よりも定番商品は、現代社会の劇的な変化の影響を受けずに今日まで愛用され続け、私たちに過去の価値観を教えてくれます。

私は最近、昔から使われている竹製のざるの利用価値を再発見しています。

こちらも馴染みある金属製のざると比べても、竹ざるは網目のあいだに水が溜まったりしません。雑菌もつきにくいので洗うのも簡単です。洗剤なしでたわしでごしごし洗うだけです。

ざるとしての用途のみならず、ムニエルにする魚に小麦粉をまぶしたり、椎茸を日に干したり、焼き立てのトーストを載せたり（皿に載せるとトーストの蒸気でカリカリ感が失われてしまいます）、豆腐の湯通しをしたり、もり蕎麦の器にしたり、てんぷらの盛り合わせを載せたりと、さまざまな用途に使えます。

これこそが伝統的な昔の道具でありながら、今なお重宝がられる道具というものです。そしてこのざる、使い込むほどにキャラメル色の美しい古色がついてきて、それが安らぎをもたらしてくれるのです。

大袈裟に聞こえるかもしれませんが、人生の方向性を見失いたくなければ決して忘れてはならないのが、こうした過去からずっと受け継がれている価値観です。

# 日々が潤う愛用品を増やす秘訣

今私たちは、ひっきりなしに服や靴、仕事道具といったものを買い替えています。昔の人がこれを見たら、きっと唖然とすることでしょう。

パソコンや家電などは、修理に出すよりも買ってしまったほうが安い場合もあります。また、ものの擦り減りよりも、気分的な擦り減り、すなわち飽きがくるということもあるでしょう。

そこに新製品の登場で、すでに持っているものよりずっと性能のよいものを薦められたら、その誘惑に勝てるでしょうか。

しかし、このように欲しいものをとっかえひっかえしていくのは、自分のアイデンティティをますます不確かなものにしてしまうことにお気付きですか。私たちは、わが家が自分の慈しんできたものとの暮らしの場でなくなると、どこか居心地の悪さを感じるものです。

たとえば、ＩＴ関連商品などは製品の寿命も短くなっています。新製品への買い換えを余儀なくされても、今度はそれをうまく使いこなせない。つまり、本当の意味で自分のものにできなくなっているような気がします。

これに反して、長年大切に使われてきたものは、そのものの癖を使い手は知っているし、同様に使い手の癖もそのものに刻まれていきます。ものと私たちのあいだに気持ちを通わせる優しい関係が築かれるのです。

ＡＩは今それを目指していると言われます。すなわち人間の欲していることは昔から変わらないのです。

# 心を温め、魂の癒しとなる昔の道具

私たちは先を急ぎすぎたのです。
日に日に美しいものが消えていきます。
ご覧なさい。慎重になって。急いで観るのではなく、
後ろを振り返って観るのです。

――山本耀司、ファッションデザイナー、
２０１１年３月14日のインタビューより

今私たちはバランスをとろうとしています。便利さ、快適さを追求して、気がついたら冷たい機械化された世界にいました。

それが一昔前のものに心引かれる理由のひとつでしょう。このものたちは、私たちの心を温め、感動を与えてくれます。

私が古いもの、レトロの価値観を肌で感じるきっかけとなったのが、日本や中国の陶器でした。その古い陶器の素朴なサラダボウル、パリの部屋にある豆皿……。このようなものたちは、モダンなデザインのテレビやスマートフォンの対極かもしれません。

古白磁の茶碗に淹《い》れた緑茶の見事な色合いを愛でていると、底に昔の職人による手描きの花模様が沈んでいるのを発見するかもしれません。それはまるで、自然をこの小さな茶碗に呼び込んだように見えます。長く大事に使われてきた道具に触れると、このような情感に出合えます。

今度は古い織部焼の器に漬物を盛ってみましょう。長い月日を経て、器にはひびが入り、恐らくさまざまな食材を盛られてきたのでしょう、変色もあります。それでもそこに、陶土や色彩による豊かな味わいを再発見するのです。

ものは使い込まれることで変化していきます。それがそのものの美しさをかたち作っているのです。その魅力は盛り付けられた食材にも風味を加え、そこに盛られた野菜は、それだけで充分美しいのです。

そしてもうひとつ、骨董市で見つけたのが、大正時代の小さな徳利。透明な吹きガラス製の徳利ですが、丸みを帯びた四角形の各面には持ちやすいように、えくぼのような窪みがつけられ、首には燗《かん》をつけるとき指に火傷をしないよう籐が巻かれています。

私は冬になるとこの徳利でお燗するのですが、お酒以上にこの徳利が私の暮らしのなかにあることに、格別な楽しみを味わうのです。

こうした食器は一生を通じて重宝するもの。なぜなら飽きがこないからです。ほかの食器とも不思議と合うので、和風、西洋風と区別することもなく、たくさん持っていなくても食事を豊かにしてくれます。

「美」は私たちを養ってくれるものです。このことを決して忘れないでください。
私は京都の東寺で行われる骨董市を訪れるのが、いつも楽しみでなりません。

## 清水焼なのに銘もない見事な日用の急須

最近、京都の古くて小さな食器屋で、地味でエルゴノミック（人間工学的）な宝《ほう》瓶《ひん》と呼ばれる急須を見つけました。数千円するものでしたが、このような簡素で扱いやすい（たとえば、茶葉を取り出しやすい）急須は初めてだったので、買うことにしました。

実は、過去に何度か高価で美しい急須を買っては、注ぎ口の水切れが悪かったり、茶殻が取り出しにくかったりで失敗していました。しかし、この急須はとても使いやすいのです。

同じ急須を友人に贈ろうと思い、ふたつ目を買いに行ったところ、店主がこの宝瓶がれっきとした清水焼であること、年老いた職人さんが若いころから焼いているものであることを教えてくれました。

急須には銘もなく、値段も昔のまま。「今どきの職人さんではないんですよ」と、遠慮がちにお店の主人は付け加えていました。

## 写真集で出合った昔ながらの定番商品

時代遅れのかたちをした使い古された麦わら帽子。

この帽子をかぶっていると汗をかきません。

透かし目があって、そこから風が通るのです。

――マリー＝エレーヌ・ラフォン、フランスの作家、『国々』より

数十年前になりますが、とても印象深い写真集を手にしたことがありました。それは「定番」と呼ばれているものの写真集。誰もがよさを認め、無意識に安心感を覚える商品の数々が写っています。

その中には、象のかたちをした黄色のティーポット、子どもがデザインしたというバッグ（典型的な学生鞄、フラップに小さな留め金、短い持ち手がついている）、赤い蓋の左右に穴が開いた有名なキッコーマンの卓上醬油瓶など、私たちに馴染みのあるものばかりです。

私の友人のひとりは、まったく言葉の通じない国を訪れたときに、たまたま入っ

た薬局で青い容器のニベアクリームを見かけ、それがどれだけ彼女を安堵させたかを語ってくれたことがありました。このクリームは、ドイツで１９１１年に発売され、今も多くの家庭で使われています。

こうした昔ながらの商品には、特別な付加価値があるように思います。まずは郷愁の香りがします。そして、高い品質。独創性こそないものの、これらの商品は便利で頑丈、エルゴノミックで、つねに一定のクオリティを提供してくれます。

フィリップスの電気かみそり、パイレックスのガラス容器なども、私たちの両親や祖父母の時代から代々使われてきた製品です。

逆に見れば、これらのものを使用してきた人たちも同じイメージで、すなわち信頼に値し、実直な人たちととらえてよいのかもしれません。

# 時の経過を美と感じる日本人の感性

たしかにわびさびの美は、万人に好まれるものではない。
しかし、その存亡の危機を回避することは、
すべての人びとの利益になると私は信じる。
とりわけ、デジタル機器が経験と観察の仲立ちとなって、
あらゆる表現を等しく記号化し、
感覚的な体験のすべてが画一化されつつある現状の中で、
文化の生態学的多様性を維持していくことは大切なことであるはずだ。

――レナード・コーレン、アメリカの日本文化研究家、
『Wabi-Sabi わびさびを読み解く for Artists,Designers,Poets & Philosophers』

内藤ゆき子訳、ビー・エヌ・エヌ新社より

日本には、簡素でひなびたものは心を和ませ、時間の経過とともに美しさを増していくという美意識があります。それゆえに風雪に耐えながら古くなり、変質し、朽ちていくものを大切にするのです。

昔に作られたものは、その美しさや機能性のみならず、使うほどに心に安らぎをもたらしてくれます。そして、かつての人々の慎ましさや、ゆっくりと過ぎていく時のうつろいすら彷彿とさせてくれるのです。そこには、現代の大量生産された工業製品にはとうてい太刀打ちできない味わいがあるのです。

レナード・コーレン氏は、日本文化の美について造詣の深いアメリカの研究者です。

彼は、わびさびとの出合いを、「人生の健全さと調和を保証する、自然を根幹にした美のパラダイムのように思えた」と語っています。同様に、「創造行為につきまとう気が滅入るような物質主義。これに巻き込まれることなく、いかに美しいものを創造していくかという芸術的ディレンマを、わびさびは解決してくれた」とも述べています。

現代アメリカ社会の感性を鈍らせている、人工甘味料のような、オリジナリティーの希薄な、俗っぽい美に対抗できる完璧な解決策が、この深く、多次元的で、とらえどころのない「わびさび」だったのです。

そういうわけで、わびさびを感じさせるものたちは商品価値を必要としません。これらの品はどこで誰によって生産されたものなのか、作者の銘も鑑定書もいらないのです。

京都でもっとも古くもっとも有名な旅館、俵屋の主人によれば、その美的信条は、ふたつのゆるぎないわびさびに似た原則に要約されています。

それは——一、部屋の中ではいかなるものも目立たせない。二、古いというだけで尊ぶな。その場にふさわしければ、新しいものも用いる。というものです。

Good Sense

# 4

# 衣食住に、「良識」という贅沢

# 「良識」の反対語をあげるなら「愚かさ」

衣食住のいずれに関しても、
簡素の趣味はその上、不羈独立《ふきどくりつ》と安全との源泉です。
あなたは簡素な生活をすればするほど、
あなたの将来を護ることになるでしょう。
あなたは不時の災難や、不運に翻弄されることが少いでしょう。
病気になったり、失業したりしても、
それくらいで路頭に迷うこともないでしょう。

——シャルル・ヴァグネル、19世紀フランスの牧師・哲学者、
『簡素な生活』大塚幸男訳、講談社学術文庫より

イギリス人に言わせれば、「良識」でないものはすべて時間とエネルギーの無駄ということらしいです。

しかし私たちの生き方や考え方、行いにおいて、この「良識」が垣間見られることが最近はどんどん少なくなっている気がします。

実はこの「良識」、単純に多くの人が想像するような、誰にでも生来備わっている特質や、なんの苦労もなく手に入る平凡な価値観ではありません。これは、何世紀もかけてゆっくりと、苦心して蓄積されてきた資産、それを失ってみて初めて気付く宝なのです。

たとえばあなたに「この香水を使ってください、このジーンズをはいてみてください、そうすればこのコマーシャルの女優のように、あなたは魅力的になりますよ!」と言って、あなたをその気にさせようとするなんてナンセンスというもの。

「良識」とは、流行や目新しいものの熱気に負けてしまわないこと。

「良識」とは、目移りせず、あるがままの自分に満足するということ。

人工的な今の世の中の流れに巻き込まれないことでもあります。

「良識」は、質の高い生活を送るのに欠かせない「ものさし」なのです。

「良識」の反対語をあげるとすれば、「愚かさ」と言えるかもしれません。

この章では具体的にこの「良識」というものさしで、食や健康、ファッション、住まいについて考えていきましょう。

## 心も満たしたフランスの家庭の倹約料理

日本人ならオムライス、肉じゃが、煮物というような、子どものころによく食べた料理をソウルフードと呼んでもいいと思います。

フランスでは、クリスマスシーズンの白いバターと夏場の黄色いバターがソウルフードの代表的食材です（牛は季節によってエサが変わるので、バターの味も色も異なるのです）。

ソウルフードとは親たち、または祖父母たちが手軽に、でも愛情を込めて作ってくれた料理のこと。これは決して手の込んだ料理ではないにせよ、とっておきの幸福感を私たちにもたらしてくれるものです。

反対にジャンクフードは私たちに後ろめたさに似た罪悪感、すなわちネガティブな感情を生じさせるでしょう。それに対して、健康によいバランスのとれた料理を自分で作って食べたあとの達成感は何にも代えがたいものです。それが良識に通じます。

オーブンから漂ってくるアッシ・パルマンティエ（ジャガイモとひき肉の重ね焼き。フランスでは月末の倹約料理のひとつ）の焼ける匂いはそれだけで私たちをくつろがせ、幸せな気分にしてくれます。

あなたはなにも家族のためにコルドン・ブルー（パリにある有名な料理学校）の資格をとる必要はないのです。毎日新しいレシピに挑戦する必要もありません。

ソウルフードには、現代のモダンな料理とは違う味わいがあります。これは恐らく長年のコツの積み重ねからくる違いでしょう。たとえ冷蔵庫にあるあり合わせの材料で作られた料理でも、その一品には、ひとつの家庭の味が加えられるのです。

## すべてはシンプルな野菜スープから

かつてフランスの冬の食卓は、必ず野菜のたっぷり入った温かいスープから始まるものと決まっていました。よく考えればこれは理に適っていました。体を温める作用や、野菜のビタミンは体の機能を助けます。スープをたっぷりいただいてから食事を始めると、食べすぎも防げますしね。

作り方は実に簡単です。小口切りにした2～3種類の野菜と玉ねぎをオリーブオイルで炒めます。そこに適量の水を入れてコトコトと30分間煮込み、塩こしょうします。たったこれだけで野菜スープの完成です。

数十年前まで、調理法は親から子へと代々引き継がれていくものでした。ステーキの残った肉汁でソースを作る方法や、残り物で献立を考える方法も、家庭で自然と身についていったのです。

残念ながらこれらの習慣は、ファーストフード文化やマルミトンのレシピ（日本ではクックパッドのレシピでしょうか）が便利すぎて存亡の危機にあります。そして私たちは仕方なく、タブレットに依存しながら夕食のメニューを決めることになるのです。

今、ご自身に問いかけてほしい唯一の質問は、「私にとって何が本当に必要？」ということ。体が必要とするものを知ることのほうが、食べたいものを選ぶことよりも大切ではありませんか？

夏のジャム作り、秋の果実酒作り、冬のかきもち作りにそれぞれ時間をかけ、暖かい色の電灯が灯った店先で鮮度のいい商品を薦めてくれる小さな店で買い物をする……。このような生活なら今でもまだ実践できるかもしれません。

## 理屈より「サイン」を感じる力を

結局一杯のお茶の味わいに、
一万もの宇宙の真実がかたちを変えて潜んでいたら、

この味わいのその発端の部分でさえ言葉で表すことは難しい。

——中国茶の師匠

こう述べた中国茶の師匠は、お茶をまるで水を飲むように自然体で飲んでいたそうです。

何をするにもじっくり時間をかけて行い、新鮮な食材を食べ、決まった時間に寝て起きる。

仕事をし、掃除をし、友人とランチをとり、散歩をし、ときには面白い映画でも観てくつろぐ。無理のない習慣化された生活、これほど変哲のない健全な暮らしぶりはないでしょう。

でも、そんな日常にも波風は立つものです。人生とは不思議な自然の法則に沿って変化を遂げながら展開していきます。その謎解きは、知識や宗教の力を借りても所詮無意味なこと。

人生で起こり得るさまざまな出来事は理屈で解釈するのではなく、何かしら私たちに訴えかけてくる「サイン」を通して感じることを、私たちは学ぶべきだと思うのです。

夜半に考えごとが多くて眠れないときは、起きて明かりを点《つ》け、あなたを悩ましていることがらをすべて書き出してみましょう。

そしてヨガのポーズをひとつかふたつ試してみてから、床につくのです。眠りにつく前のドミニック流おまじないをひとつ。ご自分に「2分後には起きなければならない」と言い聞かせてから目をつむってごらんなさい。あなたは瞬時に寝入ってしまうこと間違いなしです。

スケジュールに定められた生活リズムではなく、自然光によって刻まれるバイオリズムをここで再発見してみませんか。

# 「気に病む」人へ、ミニマリスト的処方箋

「本当の田舎だったんだから。桜の花びらを漬け込んでね。

それをお湯で溶いて飲むような場所よ」

「へー。外国の話みたいだ」

「あの頃の日本と今の日本じゃ、それはもう違う国よ」

——ドリアン助川、日本の作家、

『あん』ポプラ社より

不安、鬱病、自殺願望、酒・タバコ・向精神薬などへの依存症……。世の中が物質的にはどんどん快適になっていく中、個人的な生きづらさは依然として続いてい

ます。

健康問題は私たちの頭を離れることなく、日常会話のはしばしにも登場し、メディアも手を替え品を替え健康特集を企画しています。

「健康体でいること」がかえって強迫観念となり、私たちはつねにこのために戦い、これが逆に私たちの人生を台無しにしているような気がしてなりません。

昔の人たちの無頓着さはどこかに行ってしまったかのようです。食べ過ぎ飲み過ぎの翌日に飲んだ、野菜スープやおかゆも忘れられてしまいました。

タバコ、紫外線、砂糖、動物性油脂、ダニ、アルミニウム製の調理器具や電子レンジの磁気などなど、キリがないほどあるこれらが、健康に害をおよぼすとさかんに非難されています。

では、「無害」なものとは一体どういうものなのでしょう。

このごろは科学や医学の情報が「あれがだめ、これがだめ」と私たちの無頓着さを責めてくるので、定期検査を怠らずまめに体調管理をして健康を保っていてもなお、私たちの不安は募るばかりなのです。

健康管理の本来の目的は病気になる前に予防して、人生をあるがまま楽しむというもののはずです。それなのに私たちは、いつから「病気になるのが怖い」という名前の病気にかかってしまったのでしょう。

1本のニンジンを食べる前にも、それがオーガニックのものかどうか心配になるという有様。もちろん、オーガニックであるに越したことはありません。でもいちいちその講釈にしたがうというのは、身軽に生きたいと思う人には煩わしいだけです。

私たちの暮らし、私たちの消費生活は急ピッチで「医薬化」しています。「気に病む」ことから離れるために、健康の分野においても、ひと昔前の価値観に戻ってみてもいいのではないでしょうか。

# あなたをエレガントに見せる「制服」

人間が生きて歳をとるように、布地も生きて歳をとる。
布地は、1、2年寝かせて、自然収縮してからのほうが魅力的になる。
四季を何度か越える。その間も糸はずっと生き続け、歳をとる。
その過程を経てのち、
ようやくその布地のもっている本来の魅力が現れ出てくるのである。

——山本耀司、ファッションデザイナー、
『MY DEAR BOMB』岩波書店より

私たちは毎日着る服を取り替えていますが、私が小さかったころは、同じセーターにズボンやスカートを着回ししながら月曜日から金曜日まですごしたものです。

これが「普通」でした。むしろ毎日服を取り替えていた人が変わり者と見られていたくらいです。ところが今は、毎日違う服を着ないといけない、という半ば強制的な約束事がストレスになっています。

自分のスタイルが見つかっていれば、少ない服でも洗練されたファッションで、毎日をストレスなくすごせます。ただしクローゼットに洋服がぎっしりという方は、発想を変えないかぎりそうはなれません。


スティーブ・ジョブズ氏やマーク・ザッカーバーグ氏らのトレードマークは、いつも同じタートルネックやTシャツ姿。余計なものや不必要なものは本当の楽しみをもたらしてはくれないと、彼らはそう考えたのでしょう。

「清潔で、人前にも出られて、着心地がよく、私たちをご機嫌にしてくれる服は多くはいらない」が彼らのメッセージです。

あなたも自分に合っている服をいつも身につけることで、それを自分のスタイル、トレードマークにしてしまうことができます。周りも次第にそのあなたが決めた「制服」に慣れてくるでしょう。

「制服」の利点はその質のよさです。これは毎日着るために作られているからです。私たちもそれを目指してはどうでしょう。

上着を買うとき、スカートを買うとき、材質のよいものを買いましょう。上質のものを身につけていると、無理に努力しなくともエレガントでいられるものです。

さらに着るものにこだわりのある人は、ブラウスをワイシャツの仕立屋にオーダーメイドするのも手です。費用は多少かかりますが、有名ブランドのプレタポルテよりはずっと安いでしょう。

見かけは「普通」の着こなしでも、実は完全に聡明な着こなしになるのです。

# 使える服、必要な服だけだから満足

コートは2世代にわたって着ることができます。
もしそれが上質のものであれば、縫い直しも裁断のし直しも可能なのです。
30ユーロで買ったセーターではそれはできないかもしれませんが。

――オリヴィエ、パリの最高級バッグ店の販売員

友人のAさん。私はいつもその良識と知性と堅実さに感心してきました。前にも私の本で紹介しましたが、彼女が6年間すごした東京の学生寮での話です。その寮では衣類の数に決まりがあって、それぞれ3点までしか持ち込むことができなかったそうです。Aさんも、セーター、スカート、ブラウス、下着を各3枚と

いう具合でした。

もうひとりの友人は、もう少し年上の男性。戦後の物資の少ない時代のアメリカで、彼は必須アイテムをひとつずつだけ持つようにしていたそうです。すなわちレインコート1枚、極寒のためのコートが1枚、街に出掛けるためのズボンは1本、週末用の服が1揃い……という具合に。

逆説的になりますが、このような「レトロ」な決めごとには大きな利点があるのです。

服の数がわずかだと、心理的にはかえって着る服が充分あるように感じるのです。どうしてそう思えるのかと言うと、クローゼットにある服がすべて着られる服、使える服、必要な服だからです。

猛暑でも吹雪でも、足りないものはないのです。逆にたくさんの服を持っていると、いろいろ選べていいと思いがちですが、選択肢が多すぎて結局、毎朝何を着るのか迷う羽目になります。これは私たちを瞬間的にフリーズさせるものです。

# 人と比較して自己評価を下げない

建築家は、彼が設計する家に住む人間のことならば何でも知っておかなければならない。なんとなれば、建築家が顧客に提供するものは、顧客の衣服や食べ物より、はるかに個人的なものだから

——アイン・ランド、アメリカの作家、『水源』藤森かよこ訳、ビジネス社より

インスタグラムのようなSNS（ソーシャルネットワーキングサービス）は、つねに自分と他者との比較を可能にするため、そこには私たちの満たされない欲望が

はっきりと表れます。

今の時代、私たちの自己評価は下がるばかり。自分の持ち物では満足できず、よりリッチなライフスタイルを追い求めようとします。でも、そうするといつまでたっても自分の居場所でくつろぐことができなくなるのです。

オーラを放つトップスターをいただくショービジネスの世界は、それを観る者を虜《とりこ》にする反面、一部の人たちを不満にさせる特性があると言われています。スターはその成功で自らを彩ります。ある者は古城に住み、プライベートジェットで旅をする、というように。

そんなスターを目にして、彼女たちは最低限の自尊心さえも捨ててこう言うのです。「私にはどうしてマドンナと同じようなキッチンがないの？」と。

いつもいつも自分のライフスタイルを高めていきたいと願いつつも、そのために悩んでいるあなた。悩むのをやめて、自分に何が合っているのか、何なら満足できるのかについて、じっくりと考えてみるとよいでしょう。

私たちは必要としているものがそれぞれ違います。体の特徴も人さまざまです。だとしたら自分の体に聞いてみましょう。それがいちばん手っ取り早いでしょう。食卓には高めで真っ直ぐな椅子がフィットしますか。それともちゃぶ台と柔らかい座布団でしょうか。後者だってかまいません。恐らく祖父母の時代は、そういうライフスタイルで幸せに暮らしていたのですから。

私たちの体とその感覚に聞いてみるのです。コマーシャルに出てくるような完璧な生活へのあこがれから、他人を真似て生きることを選ぶのではなく、自分の体が必要としている要求に選択の余地を与えてあげてほしいものです。

# 日本の古い家に豊かさを感じるわけ

住まいの雰囲気には
貴女の個性、性格、感動を反映させなくてはなりません。
そして何よりもそれが貴女を幸せにしなくてはならないのです。
そうするには多少時間がかかるでしょうが。

——アクセル・ヴェルヴォーツ、ベルギーのインテリアデザイナー、
『思い出と考察』より

伝統的な日本の住居は、建物の見栄えよりも住み心地が優先されているように思います。職人たちは自分の名声よりも、そこに住む人の住みやすさを考えて家を建

ています。

彼らにしてみれば、「美は多くを語らない」のです。重要なのは、住む人が視覚のみならず、感触、聴覚、知覚においても満足することです。


京都で出合う伝統的な日本家屋には、日常生活の質と楽しみを向上させる仕掛けが随所に見られます。

入口にさげられた「のれん」。これは家の中が外から見えないようにさげているものの、完全に隠すのではなく、チラッと覗けるという逆の役目もあります。

「縁側」は、家の中と外との中間ゾーン（ベランダのようなもの）。そこに座り足をぶらぶらさせながら、外気に触れることができます。

「雨戸」は窓の外側にある引き戸。毎晩閉めて、犯罪や台風などの天災から家を守ります。

「葦戸《よしど》」は和風のブラインド。強い日差しを遮断しつつ、優しく風を通してくれます。

「障子」は、住空間を好きなように仕切ることを可能にします。

日本の古い建物は、それこそ隠れた細部までも丁寧に設《しつら》えてありました。それがこのごろは残念ながら、どんどん今風のリフォーム素材で改築されているのを見かけます。これは大きな過ちだと私は思うのです。

最近の欧米風のプレハブ建築やコンクリート住宅は、従来の日本家屋の軽快さと簡素さに比べて、私の目にはとてつもなく醜くそして無駄な浪費に映ります。

木造建築は、木材を通して「木々」の存在がはっきりと感じられます。通気性もしっかり考えられていました。地下の熱を吸収し、家の中の空気の流れに沿って高いほうから巡らせ、最後に低いほうに流れ着くように考慮された造りです。このような室内が居心地悪いはずはありません。

昨今、古い民家がコンクリートのタワーマンションに次々変わっています。この古い民家を救い、私たちの手で生き返らせていきたいものです。

# 北欧の「ちょうどいい」暮らしのルール

たき火のまわりには、バターつきパンやサンドウィッチ、つよい濃いお茶、
戸外の黄色い霧やロンドンを美しく見せているイギリス人特有の
洗練された長い語調など、このようなお茶の会には独特のものがあった。
もし私がもっと前に知っていたら、
その瞬間からこれらを愛さずにはいられなかったであろう。
この家には教養と安逸、慰安と静穏の不思議な雰囲気が漂っていた。
私はちょうど水を得た魚のように
ゆったりした気分を味わったことを忘れることが出来ない。

――イサドラ・ダンカン、アメリカのダンサー、
『わが生涯』小倉重夫・阿部千律子訳、冨山房より

自分の家が快適に感じられるのは、そこが安全な場所で何も警戒しなくてもいいと思えるから。これはまさに家が、落ち着きと安心感を与えると言われる幸せホルモン、「オキシトシン」の働きをしているのです。

近ごろ、この快適さを再発見させてくれるデンマークの「ヒュッゲ」や、スウェーデンの「ラーゴム」などについての本が次々と出版されています。

デンマーク語のヒュッゲとは、デンマークの人たちがとても大切にしている時間のすごし方や心の持ち方を表す言葉です。

ほっとくつろげる心地よい時間、またはそんな時間をつくり出すことによって自然と生まれる幸福感や充実感、そして暮らしを楽しむ姿勢のことを表しています。

一方、スウェーデンのラーゴムという言葉の意味は、「多すぎず少なすぎず、丁

度いい」という意味で、物質主義や消費主義とは反対の、適度で節度あることをよしとする考え方を意味しています。

ヒュッゲもラーゴムもともに、「人間」を中心とした生活のありようと言えるでしょう。


20世紀ドイツの美術史家ヴィルヘルム・ヴォリンガー氏は、美のコンセプトが暮らしの中でどのように伝承されていくかについて、「社会はまずその社会に欠乏してきた価値を欲するようになる」と説明しています。

氾濫するものに押し潰されそうになっている社会ではミニマリズムが流行り、戦争で何もかも失った社会は、ものや豊かさに囲まれることを夢見るというのです。

私たちの暮らしは今、情報、バーチャル（仮想）、人間に代わって働き考えてくれるAIやロボットによって飽和状態になっています。

それだからこそ私たちは、わざわざ蓄音機にレコードをセットして聴いたり、契約農家から直接野菜を購入したり、時を経て磨かれ優しくなったアンティーク家具が欲しいと思うようになっているのかもしれません。

## 真に温かみのある室内ですごす贅沢

マンションでも一軒家でも、私たちは既製の内装を何の抵抗もなく受け入れています。しかしそれ以前に問題はあります。肝心の私たち自身が、ものの過剰にあふれる世界に生きているため、真に温かみのある室内のかたちを見失っているということです。

昔の家は、見かけはさほど立派ではなくても、大変居心地のよいものだったと私は想像しています。古い住居を訪れ、そこに何ひとつ贅沢と言えるものがなくても、空間の配置具合から洗練された豊かさが伝わってくるのです。

このような簡素な造りの家の商品価値は決して高くはないでしょう。でも、もともとシンプルながら機知に富んだ建て方になっているので、その居心地のよさが私たちを贅沢な気分にさせてくれるのかもしれません。

玄関にはさりげなく花が飾られ、脇には雨の日の外出時にはおるいつも変わらないマッキントッシュのレインコートと、買い物かごがぶら下げられています。

リビングキッチンには、ほうろう製のケトルに使い古したコーヒーマグ、時間を刻む壁掛け時計、てかりの出ている絨毯《じゅうたん》、どんなインテリア雑誌も褒めてくれないであろうこれらの古臭い、至極普通の快適さ……。

このようなとるに足らない部屋に戻ってくると、ほっとし、癒される気がするのはなぜでしょう。それは、変哲もない家庭的な雰囲気を部屋が醸し出し、私たちを誘ってくれるからです。

# これだけで幸せと感じる家具との出合い

値段が安いと、私たちはすでに持っているものでも気軽に買い替えてしまいがちですね。一方ヴィンテージ品の場合は、なかなかそうはなりません。それらは長期間の使用に耐えると保証されている品物と言え、家具などはその代表格です。

とはいえ、どう考えても、私たちの家に必ずいくつかあるお手頃価格の家具が、ヴィンテージ品として次世代の人たちに買われることはありえないでしょう。

「少なく買う」ことと「量より質を選ぶ」ことは相ともないます。もちろん、欲しいと思っているものを購入するまでの時間は、少し長くかかってしまうかもしれません。でも、これしかないと決めたものは、一度買ってしまえば、ほかのものはもう必要ないと感じるものです。

大切なのは、消費させようとする社会に対してはっきりと「ノー」と言えること。

大量生産の家具が悪いわけではありません。あれだけ安いと、製品を購入する誘惑に打ち勝つのも難しくなってしまいます。お蔭で残念ながら、その「民主的デザイン」が「過剰」の同義語となってしまいました。

でもよく考えてみてください。なにもキッチンテーブルを、数年ごとに新しくする必要はないのです。だって、昔の家具のほうが新しい家具より私たちの習慣に合っている場合も多いのです。

古いものは「歴史」を感じさせ、存在そのものが気分を和ませてくれるからかもしれません。

先人の良識が引き継がれている暮らし——玄関のコート掛け、古いたんす、家族の予定が書き込まれた壁掛けカレンダーなどなど。今、このような変哲のない暮らしのよさを引き継ぐ力が失われていく気がします。

## 不人気だったル・コルビュジエの超モダン住宅

ひとつの美学、別な言い方をすれば感じ方。

――ミシェル・オンフレ、フランスの作家、『コスモス』より

イギリスで活躍する作家のアラン・ド・ボトン氏は、その著書『幸福の建物』の中で、1923年に実業家のアンリ・フルジェが、労働者向け住宅の設計を建築家

のル・コルビュジエに依頼したときのエピソードを次のように書いています。

ル・コルビュジエは彼の才能を最大限に生かし、何もない平面、裸電球からなる超モダン住宅を建てました。

一方、そこに住むことになる労働者たちは、ブルーの作業服を着て長時間バラック小屋のような工場で朝から晩まで働き、バカンスも滅多にないような暮らしぶりでした。

したがって、仕事を終えて疲れ切って帰ってくる彼らが求めていたのは、近代化のバイタリティーを象徴するようなモダンな住まいではなかったのです。そこには彼らの心を満たすものが何か欠けていたのです。

故郷の簡素ながら居心地のよい家に郷愁を覚えていた彼らは、数年のあいだに、同じ規格で建てられた箱型のモダンな集合住宅を、それぞれ趣の異なるプライベートスペースにリフォームしてしまいました。

つまり彼らにしてみれば、そこは仕事で欠けているものを補ってくれる空間でなければならなかったわけで、20世紀を代表する高名な建築家もそこまで配慮することはできなかったのです。

私たちも同様に、仕事で一日中騒々しい近代的なオフィスですごしたあとは、快適さを優先させた木調インテリアなどで設えた室内でゆっくりしたいと思うのではないでしょうか。

# 5

# お金や仕事と悠々とつきあう

Life

# リッチに生きるためのお金の良識

私たちの時代におけるもっとも大きな変化は、恐らく金銭に対するメンタリティーではないでしょうか。

本来「繁栄」とは、人間に物質的な豊かさだけでなく、感性の喜びや、精神の落ち着きといった高い次元の感覚と、社会における義務感を与えるもののはずでした。ところが現代の「繁栄」は金銭にばかり権力を与え、私たちの良識を失わせているのです。

幸福のためにお金は必要、という考えは間違いではありません。でも決してこのお金だけで幸福を増やすことはできないのです。

私たちが忘れているのかもしれませんが、人生で最高のものは無償なのです。見習うべき先人の生き方、つまりできるかぎり消費を抑えた生活を少しでも取り入れることが、朗らかに生きるための最善の手段なのです。

地場産の白ワインよりもシャンパンのほうが高級ですよ、と教えられなかったら、案外その地元の小さなワイナリーで作られた白ワインを好んで飲む人のほうが多いかもしれません。

クリスチャン ルブタンの靴を買って、月末のクレジットの支払いに頭を悩ますよりも、ちょっとオシャレなスニーカーを選ぶほうが、より堅実な選択でしょう。

何においても一度お金が関係してくると、本当の楽しみがもたらされなくなることを私たちは肝に銘じておくべきです。

質実にそしてユーモアを持ちつつ生きることは、資本主義においてははなはだ不利な、けれども新しい生き方になるでしょう。この生き方は優雅で心地よい満足感を与えてくれるものです。分不相応のことを求めない、これこそがリッチに生きる秘訣なのです。

## 暮らしの経済を握る4つの簡単なルール

あなたのお金にとって、これは非常に簡単なルールです。

自分の経済状態を把握するために、月に一度だけお金と向き合ってみませんか。

自分の生活に今どのくらいの費用がかかっているのかを知ることは、まっとうな資金管理の重要なポイントになります。

カテゴリーはふたつで、主要な出費と変動のある出費。

まず主要な出費ですが、たとえば家賃、車、日々の交通費、電気、水道、ガス、電話とインターネット、保険、税金、銀行の貸付利子、クレジットカードといった出費に、実際にどれだけかかっているのかを計算してみましょう。

次に変動のある出費、友人との交際費、バカンス、食費、衣料費なども合計してみます。

もうひとつの試みとして、1ヵ月間だけ現金で支払いをするという方法があります。

また、1ヵ月、1年でもかまいません、新しい服を買うのをやめてみましょう。

こういった試みで、お金を何にどれだけ使っているかが手にとるようにわかるでしょう。

友人のひとりは非常にシンプルな予算を組んでいます。月7万円の現金で暮らすと決めて、それと別に毎月初めに1万円をカードにチャージし、これは月末に万が一お金が足りなくなったときのためにとっておき、そして月半ばの15日に3万円が残金としてあるかを確認しています。

彼女はこの予算の中で、光熱費や保険以外の、食費や細かい日用品、街で飲むコーヒー代、ランチ代などを支払うのです。クレジットカードは大きな買い物（洋服や家電など）をするときにのみ使うようにしているようです。

## 「働いては買う」サイクルを一休み

ベンチは以前と同じ場所、
この家の中ではいつもそこに置かれていました。
位置変えをするのは無駄なこと。
新しいことは初めこそ惑わされますが、

しばらくするとあまりよくないことに気付くのです。

——マリー＝エレーヌ・ラフォン、フランスの作家、『最後のインディアン』より

「欲望」が「必要」にとって代わったことが、何もかもうまくいかなくなってしまった原因です。

私たちはショッピングの鎖につながれてしまったかのようです。デパートやネットでのショッピングは刺激的で、新しい靴、新しいソファー、新しいテレビが欲しいと私たちは願い、これらの商品を買うために頑張って仕事を続けるわけです。

なにも贅沢はいけないと言っているのではありません。これらの商品が私たちの「生きがい」にはなり得ないということをお伝えしたいのです。もちろん楽しみは追い払うよりも、できるだけ多く拾い集めたほうがいいに決まっています。

ただ、逆に言えば、ものに執着のない人たちは、お城に住んでも小さな部屋に住

んでも、同じように幸せでいられるのです。

その秘訣はなんでしょうか。それは、楽しみは拒否しない、でも「働いては買う」のサイクルを「抑制」するのです。

いろいろないいものを見てきたあなたにとって、最近の商品は何かもの足りなく、落胆させられることも多いのではありませんか。

試しに一度、買う行為をやめてみましょう。すると、あなたの「働いては買う、働いては買う」というサイクルも止まることになり、もしかすると、あなたはようやく生きた心地がするかもしれません。

要するにものを所有することが問題なのではなく、私たちのものとの向き合い方が問われているのです。

今必要なことは、「執着しない」という哲学を実践することだけです。禁欲主義者になりなさいと言っているのではないのです。新聞やテレビ、ネットからも離れ、街を出て、田舎でしばし暮らしてみてはいかがでしょう。

# 今、私たちまでコストパフォーマンスの対象に

私は、父が野菜畑で働く姿を見ながら仕事の仕方を覚える。
見るだけで実際に方法学の講義を受けているようなものだ。
畝《うね》はすっきりときれいに盛られ、花壇の区画分けも見事だ。
野菜の列、アロマ用の植物も
それぞれがふさわしい場所に配されている。
必ずよい仕上がりの仕事を心掛けるという志は、
このようにして私に引き継がれたのである。

——ミシェル・オンフレ、フランスの作家、
『コスモス』より

1970年代の呑気で活力にあふれた暮らしぶり、不安もなく、明日を信じていられた生活は、この50年でずいぶん変わりました。

かつて仕事は暮らしの一部とみなされ、不平不満を漏らすこともあまり見られませんでした。朝起きて、仕事に出掛け、夕方帰宅し、もちろん疲れて帰っては来ますが、夜や週末はゆっくりすごすことができました。

しかし今、この仕事と休息、緩急のバランスのとれた状態がすっかり崩壊してしまったように思えます。

ひとつの仕事が終わると次の仕事という具合に、疲れ切ってしまうまで続いていくのです。私たちは夜遅くまで仕事をし、家に帰っても仕事をし、そして週末までも仕事をしています。

昔は、手工芸や畑仕事で生計を立てていた人が今より多くいました。決して楽な仕事ではありませんでしたが、その人たちには自由がありました。

彼らにとってのご褒美はよい給料ではなく、よい仕事ができたことへの満足感、またはお客の顔に読みとる感謝の念だったのではないでしょうか。

ところが今、もっとも重視される基準はコストパフォーマンス。このコストとパフォーマンスの関係は、生活の質の観点から見ると多くの人々の生活にとって大変高くつくものです。

## 生活リズムの加速がメンタルを脅かす

われわれのアイデンティティの喪失は、
自分自身との不一致が原因だ。
ニューテクノロジー、娯楽産業、
われわれの生活方式はばらばらで、

そのうえおおよそ内容のないものとの関係を優遇している。
そこでわれわれがなすべきことは、その関係のために
自分自身とのつながりを断ち、ただただスピーディに、
より効率よくものごとをこなすことになってしまった。

――ファブリス・ミダル、フランスの哲学者、

『まずは自分自身を助けなさい』より

ドイツの社会学者ハルトムート・ローザ氏は三重の加速という視点で現代の時間の構造を解いています。

それは技術的な加速、社会変化の加速、生活リズムの加速です。

技術的な加速は、運輸、通信、生産分野におけるイノベーションの上昇リズム。

社会変化の加速は、社会において現在進行中の加速。たとえば会社や仕事、家庭まで、安定した持続性がますます危ぶまれています。

最後に、生活リズムの加速は、現代人のメンタルを脅かすものです。「より多くのことをより短時間でしなくてはならない」という強迫から、現代人は「時間がない、時間に追われている」と感じているのです。

私たちには時間の節約になるはずの機械や技術があるにもかかわらず、以前の何倍も働いています。なかには始終休みなく働いている人たちもいるのです。どこに行っても、昼も夜も、バカンス中も。

どうしてこのように加速していくのでしょうか。そうするように強制されているのでしょうか。加速の危険性は？

どうしたらもう少しペースを落とし、より人間的で、より「普通」の生活に戻せるのでしょうか。

# 忙しいほど人は「シンプル」を求める

日曜日はせめて少しの時間でも
そうした本を静かに読んで過ごしたいと思う。
いつもなら親愛と崇敬を口実ににべもなく脇へ退け、
新しい興味に引かれてそれきり顧みようともしない本である。
ホメロス、ウェルギリウス、ミルトン、シェイクスピアの
どれか一冊を開かずに暮れた日曜日はめったにない。

――ジョージ・ギッシング、イギリスの作家、
『ヘンリー・ライクロフトの私記』池央耿訳、光文社古典新訳文庫より

昔に比べ、どんどん時間が足りなくなっていますよね。日曜日に日ごろ読めない本を読む楽しみすら、奪われている人もいるでしょう。

このような時間の加速がどうして必要なのでしょうか。

その答えは明らかで、この社会が競争で成り立っているからです。一方が成功すれば、もう一方はさらにそれに勝とうと競争が始まります。挑まなければ衰退が待っています。一方でお金儲けに成功する人がいたら、もう一方では、より多くを生産するよう働かされる人が出てくるのです。さらに、自分たちがせっせと生産したものを買いなさいと、日夜ネットからお知らせがきます。たくさん作ってたくさん買う悪循環に陥っているのです。

コンピューターやITのパフォーマンスが上がれば上がるほど、解放されるどころか、どの仕事も緊急なものばかり、どれもが最優先となり、出される指示は「ただちに取りかかれ！」になるのです。

忙しい時間のあとにはくつろぎのひとときが待っているという、緩急のある暮しはできていますか？　恐らく、自分でコントロールしないかぎり、緩急をつくれなくなっているのが現実です。ピンと緊迫した状態が圧力となって、さらにそれが持続するのです。

それは目的のない動き（ムーブメント）だけの世界、まるでラットレースです。もちろん仕事は効率よく回るでしょう。

でもその本源的な意義は失われ、満足感も得られません。すると人は、人生を惨めなものと思うようになり、周囲の人たちが嫌になり、自分自身にも嫌悪感を抱くようになるのです。

だからこそ今多くの人が、本能的にシンプルな生き方を求め始めたのだと思います。

## 仕事が空しいと感じる自分への質問

彼らは単調な労働によって過度なまでに虐《しいた》げられているので、日常生活以外の事柄はごくまれにしか意識しないというのが、昔から変わらぬ特性である

——ジョージ・オーウェル、イギリスの作家、
『一九八四年〔新訳版〕』高橋和久訳、早川書房より

今の仕事がどうも合っていないみたい、と感じているあなたへの解決策はふたつあります。

その仕事を思い切って辞めるか、ボランティアなどまったく別の活動を見つけて

仕事からくるフラストレーションを晴らすこと、です。

大切なのは現在のあなたの状況を把握すること。ある程度気持ちのゆとりのあるときに、一度、自分の人生をどうしたいのか、何がここまで仕事を空しく耐え難いものにしているのかについて、じっくり考えてみる時間をとってみてください。もしかしたら、競争によって拡大する資本主義が、次第にあなたの心に根を張り、あなた自身を枯渇させているのかもしれません。

自分に問いかけてみましょう。

あなたの社会的な地位が下がったとしても、今よりも幸せでいられるかどうか、稼ぎが少ないことが本当にあなたを貧しくするのかどうか。また、あなたが苦労して稼いだお金が、うわべだけの楽しみのために浪費されていないかどうかについても。

今の社会には、私たちの金銭欲や欲望——自分を「金持ち」と思いたい要求を、絶え間なく煽《あお》る風潮があると思います。

そして、世の中のために自分が必要とされていると思えば思うほど、自分は偉いと思い、その素振りを見せれば見せるほど、内心は不安でいっぱいになるのです。

## 仕事が喜びに変わる小さなマインドシフト

その仕事を成就するためには、
君はその仕事を愛していなければならない。
二次的結果などどうでもいい。問題は仕事、仕事そのものだ。

——アイン・ランド、アメリカの作家、
『水源』藤森かよこ訳、ビジネス社より

誠実な職人にとってもっとも重要なことは、彼らが請け負う仕事の質であって、月末にもらう給料ではないのです。このような人たちの表情には、本人は気付かなくても、幸せな人間が発散するオーラ（輝き）が見られます。

幸せな人生の秘訣は、自分の能力と興味に見合った仕事ができることです。インテリアが大好き、というのであれば、スタイリストの仕事を見つけるとよいでしょう。料理が好きならば、ケイタリングやレストランでの仕事を探しましょう。

今の仕事よりお給料が減ってもいいと思えるなら、仕事を替える、すなわち方向転換することは難なくできます。

あるアメリカの社会学者は、ためになる職業を知るには、その職業のない生活をイメージしてみるといいと言っていました。農業従事者、医者、介護ヘルパー、清掃員、教師、水道局員、スポーツ指導員などなど。

上司の意のままになって出世していくのも、金銭やある特定の社会的価値観の言いなりになるのもやめましょう。自らを服従させるような働き方もやめるべきです。

仕事は自発的に取り組めるものにし（これは、すなわち「好きな仕事」ということになります）、プロフェッショナルな腕前やノウハウを身につけていきましょう。パン屋、ビール醸造、大工……、どんな仕事でも同じことが言えます。

そうすると、仕事のない日がよい日で仕事のある日は悪い日、と区別することもなく、毎日が充実した鍛錬の日々になります。

もちろん一朝一夕にはことは為せませんが、技術を磨いていくうちに自分の天職、才能を発見できるでしょう。

# 私も20代で日本に来て人生が変わったひとり

「通勤－仕事－寝る」をくり返す生活、大都市の喧騒、宣伝や広告からしばし離れて、郊外の清々しい環境の中で気の合う仲間と美味しい食事でもしてみませんか。気分も変わり、幸せな時間に浸ることができるでしょう。

ベストセラー作家で喫煙家でもあるトム・ホジキンソン氏は、公共の場ではどこに行っても禁煙になってしまったので、自身で憩いの場をつくりました。

著書『How to be free（自由になる技）』の中に、自宅に小さなパブを設え、そこで喫煙できるようにし、自由を味わっているとあります。

さらに、庭や緑の原っぱに囲まれた道を、数分も歩けば会いに行ける5～6所帯の小さなコミュニティーに住むことができたら最高だ、と綴《つづ》っています。

時間と空間を最大限利用することで、お金をかけず、仕事も減らして生きるというのは、実に良識的ではないでしょうか。

田舎での暮らしが何を自分にもたらすか、一度イメージしてみましょう。たとえば自家発電、自給自足の生活——それは畑で野菜を作り、卵を得るために雌鶏《めんどり》を飼い、私たちが依存しきっている供給システムから解放されることを意味します。

そこまでしなくても、ベランダを利用して家庭菜園を作ったり、自治体の市民農園を利用したりして野菜作りをすることもできます。要するに自分にできる範囲で自給自足を試みてみるのです。

すでに多くの若者が、金銭至上主義の世間を捨て、より質の高い生活を求めて動きだしています。彼らは地方で空家になっている古民家に移り住み、無農薬の野菜を作り、パンを焼き、職人などをして働いています。

いろいろな道があるのに挑戦しづらい社会なのはわかります。でももっと自由奔放な生き方を見つけてほしいものです。私も20代であこがれの日本に来て、人生が変わったひとりです。

あなたが一日中パソコン画面に向かって仕事をし、生身の現実からかけ離れた仕事に従事しているのなら、余暇には手作業の活動を見つけるとよいでしょう。

何かを手作りし、その出来栄えを味わうことは、パソコン画面と向き合ってすごす人たちの多くが感じている空虚感を埋めてくれるでしょう。

# 6

# 快感に溺れず、幸福をつかむ

Happiness

# 私たちは昔よりも幸せでしょうか？

良識――この言葉によって指されるものは、昔のよい慣習と同じくらい稀になって来ているとは思いませんか？良識なんて古い遊びだ。別のものが要る、というわけで、人々は十四時に正午をさがすのです。

――シャルル・ヴァグネル、19世紀フランスの牧師・哲学者、『簡素な生活』大塚幸男訳、講談社学術文庫より

確かに今、私たちは空調が完備された室内で生活し、食べたいと思うものは昼夜関係なく手に入れることができます。電化製品は私たちに代わって家事をしてくれ

ます。

これを幸福と呼ぶのであれば、はい、なるほど私たちは昔に比べてずっと幸せでしょう。

では近年、神経症や心の病で苦しむ人が増えていますが、この現実をどうとらえたらよいでしょう。

騒音、せわしなさ、スピード、興奮。このような「刺激」と「快感」が、過去50年のあいだに私たちの暮らしを完全に変えてしまいました。

こうした刺激や快感にすっかり染まってしまっている私たちは、同時に本当の生きる喜び、よい意味での無頓着さ、朗らかさを失ってしまったように感じるのです。

## 毎日楽しく暮らすことを目的にしていませんか

昔は何かに一生懸命頑張ったあと、あるいは何かを我慢したあとに、自分へのご褒美としてとっておきの楽しみを用意して幸福感に浸ったものです。仕事をするのは当たり前のことで、その一方で楽しみは、特別な機会に自分に許された贅沢でした。

ところが今、私たちは楽しく生きることだけのために生きているかのようです。しかし、この楽しみが慢性的に常時必要なものとなってくると、本当の意味での幸福感は得られません。

それは毎食ご馳走を食べていると、もはやご馳走とは思えなくなるのと同じです。したがって、私たちはいつも満たされない状態に置かれるわけです。

仕事に追われているときは、次のバカンスが待ち遠しいし、バカンス中もまた次のバカンスが待ち遠しいもの。

それでいいのです。本当の楽しみは、それがあなたの頑張りに値するご褒美で、それをあなたがじっと待ちわびた末に得て初めて味わえるものです。

でもそうしたご褒美的な楽しみもほどほどがいいのです。なぜなら快感は一過性のもの、それだけであなたの人生の導き手にはならないからです。

簡単で瞬時に手に入る快感ばかりを求めても、結局は、失望とフラストレーションしか残らないでしょう。なぜなら安易な快感は、決して私たちを満足させるには充分ではないからです。

# 子どものころの忘れられないピクニック

僧侶で作家の小池龍之介氏によると、室町時代や江戸時代の一般庶民は、祭りの日や恋愛以外にはなかなか楽しみを得る機会がなく、そのような機会があると、そこでドーパミンが大量に「放出」され、快感を得ていたということです。

当時の人の多くは主に農作業などの肉体労働を生業としており、普段は単調にくり返される労働が穏やかな生活のリズムを刻んでいました。そして、一日の終わりに温かい夕食を家族で囲むことが唯一、彼らにとってのささやかな楽しみだったのでしょう。

テクノロジーの発達していなかった昔は、人々は今よりもっとつらい仕事に従事していましたし、たくさんものを作れないのでお金の無駄遣いもあまりしなかったのだと思います。それでも、小さな楽しみが生活の一部を形成していました。

たとえば私の場合はピクニックです。昔よく母が、日曜日や祝日に天気がよいと、ピクニックの準備を始めたものでした。

大きな籠を取り出して、そこにはキッシュロレーヌ、ハム、バター、チーズ、魔法瓶にはホットコーヒーを入れます。そしてピクニックに出掛ける途中で、まだ焼き立てで温かいバゲットパンと果物を買っていくのです。

両親はピクニックに最適な場所を見つけるのが上手で、湖の畔《ほとり》や川沿いの土手など、美しい場所を見つけると近くに車を停めました。

両親にとって、レストランで食事をするなど昔の習慣ではありえないこと。しかも料理上手な母にしてみれば、どうして知らない場所で赤の他人が作った美味しくもない料理を座って待たなければならないのか、理解しかねると言うのです。

私がこの昔のピクニックの話を日本人の友人に話すと、その人も、日本でもかつてはどこへ行くにもお弁当を持って出掛け、それを汽車の中で景色を見ながら食べるのがご馳走だったと話してくれました。

## さまざまな快感が私たちを無感覚にする

「快感」イコール「幸福」ではありません。

私たちが快感を覚えるとき、脳内にはドーパミンという神経伝達物質が放出され、それが脳の局部を刺激し心地よさが生じると言われます。

ところが、刺激が終わると欠乏感と倦怠感が残るため、さらに多くのドーパミンの分泌を求める仕組みになっているというのです。しかも、ドーパミンには麻薬的な性質があり、分泌が続くと次第にその効果が薄れてくるため、より多くの快感の源泉が必要となってくるのだとか。

この新たな快感を追求していく姿勢はとどまることを知りません。さまざまな技術の進歩にあやかるようになった私たちは、こうしてますますお手ごろな値段の「新製品」に囲まれるようになりました。

しかし、そのテンポが速すぎて、それぞれの製品の新性能を楽しみ、味わえなくなっているのです。新しいテレビの機種がお目見えすると、1年も経ずにそれよりもより高性能の機種がすぐにマーケットに出回るからです。

こうして「よりよく、より多く」を目標にした競争が始まり、結果、何ひとつ私たちを本当の意味で満足させることができなくなってしまったのです。

ウォークマンやパソコンといった新しい技術と出合ったときの爽やかな気持ちは衰えていきました。私たちの脳も普通の刺激では満足できなくなっています。本当の快感を得られない、すなわち飽和状態の快感が私たちを無感覚にし、それをうまく味わえないようにしているのです。

さらに、生ぬるい快感の湯に浸かっていると、私たちからは徐々に根気強さや忍耐力、冷静さといった長所までもが失われていきます。昔は徳とみなされていたこれらの長所は、最近だんだん見られなくなってきています。

## 楽しみに飢えず、待つことも愉快に

もし、「欠乏感」が幸せになるために必要だとしたら?

私たちは子どもでも大人でも、楽しみを味わう前には何かしらの欠乏感を抱えている必要があるのです。

今、私たちはますます楽しみを「必要」としています。楽しみには、オシャレをする、よい住み方をするというように、私たちとともに成長してきた楽しみのほかに、依存性の高い、私たちの生活に寄生虫のように住み着き悪い影響をおよぼすものもあります。

節制、ヒュッゲあるいはラーゴムといった暮らし方が最近人気を博し、このようなテーマの本も多く出版されていると前にも述べました。

逆説的になりますが、これらの本の読者は、今までの楽しみ方とは異なる、本当の意味での「新しい楽しみのかたち」を得る必要を感じているのかもしれません。彼らは、多すぎて味わうことのできないほどある、目先だけの「楽しみ」にうんざりしているのです。

私は前述の小池龍之介氏のお蔭で、楽しみは必ずしも常時感じている必要のないものであることを学びました。これを知ったことで、今では平凡なこと、ときには退屈なことも味わえる自分にふと気がつくことがあります。そしてそれを穏やかに受け止めています。楽しみが訪れるのを待つことが決して不愉快なことではないとも実感し、それにより日常がより耐えやすいものになってきています。

意図的に自分にブレーキをかけて、楽しみの頻度を抑える練習をしてみるのもよいでしょう。たとえば面倒な掃除、単調な体操、決まった時間に就寝する規則正しい生活、定期的にインターネットから離れてみる、というように。

また便利で、あっという間に自動的に仕上がるような簡単なものばかりを求めないようにしましょう。自分の好きなレシピをノートに記したり、家計簿をつけてみたり、友人をレストランではなく自宅に招待してみる、というように。

単純な動作の趣味、たとえば編み物や塗り絵などの手作業に時間を割いてみると、ひとりで静かに考える時間が作れます。このようなすごし方も心を健全に保ち、気持ちを休めてくれます。ゆめゆめこれを「時間の無駄」と思わないようにしましょう。

それよりもいっそのこと、「時間を失う」練習をしてみてはいかがでしょう。楽しみにもお金にもならないことをしてみるのです。

さあ、お金や先々に関わることすべてを忘れて、あなたの心を守ってあげてください。

Simple

# 7

# ネットとのシンプルなつながり方

## SNS上の自分でなく、素の自分に満足する

メールしても、ブログに書いても、ツイッターでつぶやいても、
2ちゃんねるに悪口を書き込んでも、
誰も反応してくれないとしたら……。
すると、そわそわしたり、イライラしたり、落ち込んだり……
そう、麻薬が切れたときのようになってしまうことでしょう。（中略）
まさにしょっちゅうメールがきて、
しょっちゅう好ましい反応があることを通じて快感漬けになり、
いいいいいいい快感の量が多すぎるがゆえに快感が飽和して不感症になり、
不幸になっているのです。つまり、本当の不幸は

コミュニケーションについての欲望が満たされないときではなく、
満たされすぎたときにこそ始まります。
(中略)
それは、過保護な親に甘やかされすぎた子どもが、
何でもかんでも欲求が満たされすぎて快感が飽和し、
かえってイライラしやすくなるのと同じ仕組みと申せるでしょう。

——小池龍之介、僧侶・随筆家、
『3・11後の世界の心の守り方』ディスカヴァー・トゥエンティワンより

人間の行動パターンは時代ごとに自ずと変わっていくものですが、インターネットほど劇的に私たちのライフスタイルを変えたものはないでしょう。

メールは来てはいないか、フェイスブックの評価は落ちてはいないか、最新のニュースの動向は?と、私たちは1時間に何回もスマートフォンを覗いてはチェック

をしています。

私たちはどうしてこれほどまでに何でも「知りたい」と思うのでしょう。個人的にはさして必要でもない情報をどうして浴びるように取り込むのでしょう（これらの情報が真実であるということがまずは大前提ですが）。

一方SNSは、ネットを介して自分のアイデンティティや個性を伝える手段と言えるでしょう。これらのネットワーク上で、どのくらい自分を出すかはお友達づきあいの程度で変わりますが、おおむねいつもの自分とは違う「作られた自分」を演じ、しまいにはその虚構の自分を信じるようになっていきます。

日本では、インスタグラムに載せる写真をコーディネートしてくれるプロの業者も登場しました。ここに申し込むと、設定したとおりに写真を撮ってもらえます。まったく初対面のスタッフが「取り巻き」を演じ、場所は洒落たカフェ、空港や高級レストラン、料理も味より見栄えのよいものを注文します。こうして撮られた写真はSNSに投稿されるわけです。

それは、まるで「私はこんなにも綺麗で、素敵な仲間がいて、これだけハッピーな時間をすごしているのよ」と、世界に向けて発信しているかのようです。

これは極端な例としても、自分の仮想イメージを作り上げていくことがエスカレートしていくと、すでに受け入れ難くなっている現実の生活がますます受け入れられなくなり、それが苦しさを増す原因になるのです。

こうした現代社会が生んでいるストレスと孤独の問題を、一気に解決してくれる方法などないでしょう。それでも「今の自分に満足することを学ぶ」、これができるようになると、不思議と心に落ち着きを取り戻せるようになります。

確かに私たちは社会的な存在なので、人との交流がないと生きていけないと思うのかもしれませんが、今の先端技術は「つながり」からくるストレスを激化させている気がします。

人生を成功させるツールとして私たちが携えるべきものは、人真似ではなく、自分に見合った自分だけの成功の定義ではないでしょうか。自分をつねに他者と比較することはやめたいものです。

## 幸福とは〝自分らしく〟生きること

ひとつのことが万人にあてはまりはしない。
めいめい自分にふさわしい流儀を求めよ。

――ヨハン・ヴォルフガング・フォン・ゲーテ、
ドイツの詩人・作家

幸福とは〝自分らしく〟生きることです。

どうしたら「最高の自分」になれるか、という問いかけは自分をミスリードすることもあります。

人に好かれ、人から認められたいからといって、くれぐれも自分の偽のイメージを作らないように。たとえそのイメージが自分の理想とするものであっても、見る人によって感じ方ととらえ方は千差万別だからです。

感性を磨き、個性を鍛え、持ち前の素質とセンスを洗練させましょう。すると自ずと見た目も変わるのですから。

もう一度言わせてください。幸福とは〝自分らしく〟生きることです。自分らしさを発揮しながら、人生、そしてこの世界を豊かな感受性でより深く味わうことなのです。

私たちはみなそれぞれ違う個性、パワー、美しさ、知性を持っています。そこに家柄や学歴などは関係してきますか？

幸福とは、自分が社会的にどう見られていようが、それぞれが心の中に密かに持っている「満ち足りた自分」が土台となっているのです。

## 自分の生き方を肯定すれば、大事なものがわかる

ただ自分自身であることに満足し、
比較したり競争することがないのであれば、
すべての人が君を尊敬するだろう。

——老子、中国古代の道家思想の開祖

己を知ること。これができて初めて自分を変えることができるようになるので

す。

でも自分のことを知っている人は案外少ないもの。なりたい自分に目がいって、今の自分に無自覚すぎるため、本当の自分を見失っているのです。

あなたの名前がリリーであれば、「私はリリー」と人にも言ってきたでしょう。では「リリー」ってどんな人でしょう？

このリリー、実は美術館も、音楽も、ゲームもショッピングも嫌い。旅行にも興味がなく、家で気ままにしているのがいちばん楽しい。ゴージャスなご馳走よりもさっぱりとした簡単な料理のほうが好きなのです。

でも、このような自分の好き嫌いを認めるのにずいぶん時間がかかってしまいました。それは自分に問いかけてこなかったから。

そのうち、ほかの人たちのように絵を見るのが好きになる日がくるかもしれない。旅行が好きになるかもしれない、エキゾチックな料理も美味しく食べられるようになるかもしれない、と漠然と考えていたからです。

私たちは、理想とする有名人のイメージや世間の一般論に自分を合わせるのではなく、自分の基準でライフスタイルを築いていくべきなのです。美術館めぐりが嫌いだからといって、好奇心や教養がないというわけではありません。

自分自身になるということは、自分が心底楽しめるものを見つけることです。「これが私らしい生き方」と自分の生き方を肯定するようになれば、大事にすべきものがはっきりして、ものごとはシンプルに、豊かなものに感じられるようになるでしょう。

ところが、さも当たり前のことのように聞こえる、この「自分自身になる」こと、実はかなり勇気のいる難しいことなのです。

さあ、あなた自身の個性を受け入れて人真似を拒否しましょう。他人のコピーになる必要はありません。自分自身に忠実に、その生き方を見つけていきませんか。これこそが「ヴィンテージ」、年季の入った態度と言えるでしょう。

# 情報過多だからこそ、好きなものを好きと言う

この世の始まりから創られてきた人間の誰ひとりにも似ていないあなたは、比類のない人です。

――ブレンダ・ウウランド、アメリカの新聞記者・編集者・フリーランスライター

人はなぜ流行を追いかけるのでしょう。なぜ他人と同じような鼻、同じような目にするために美容整形をしたいと思うのでしょう。

確かに形成外科は先天性の異常や事故後の治療には有効です。でも、アイドルや仲良しの友人と同じようになりたいというだけの願望で整形するのは、せっかくの

個性を台無しにしてしまう残念な行為です。たとえば、歌も演技も素晴しいアカデミー女優、バーブラ・ストライサンドの鼻は立派すぎて、彼女にとって最初は大きなコンプレックスでした。

自分はそんな年でもないのに趣味が年寄りじみている、などと恥じることもありません。昔のジャズが好き、甘い恋愛小説が好き、優しいメロディーのビー・ジーズやカーペンターズの音楽が好き、と言う権利があなたにはあるのです。

そう、当時は文化的な価値がないとバカにする人もいましたが、今でも私たちはこれらのメロディーを口ずさんでいます。これはよい曲であるというりっぱな証拠ではないでしょうか。

# フランスで少女が鏡を見るのを禁じられたわけ

人間は自分のへそを見つめて暮らすようには出来ていないことは、良識の光に照らして考えただけでわかります。

——シャルル・ヴァグネル、19世紀フランスの牧師・哲学者、『簡素な生活』大塚幸男訳、講談社学術文庫より

今の時代、早急に改めなければいけない習慣のひとつが、何かにつけ行われている、マニアックすぎる「自己観察」と「自己分析」でしょう。脳科学ブームはそのひとつの表れです。

確かに、自分の精神状態や行動の動機を明晰に観察するのは、よく生きるために

は欠かせないことかもしれません。

自分のことを知って初めて自分を変えることができる、と前述しました。しかし、絶えず自分を観ては考察し、まるで機械を分解するように自らを解体し分析するのとは別です。これは明らかに時間の無駄、かえって自分を見失ってしまいます。


何もかも自己分析しようとするのが、現代のナルシシズム（自己愛）と言えます。ナルシシズムの語源は、ギリシャ神話に登場するナルキッソスという美少年の名に由来しています。

ナルキッソスは大変美しく、エコーをはじめ多くのニンフ（精霊）から求愛されます。しかし、エコーは女神ヘラからかけられた呪いのため、ナルキッソスの言葉をくり返すことしかできず、彼から求愛を拒まれ、その悲しみから姿かたちのない声だけの存在、木霊《こだま》となってしまいました。

一方、ナルキッソスはニンフたちの愛を拒んだ罰を受け、自分しか愛せなくなったのです。そして、泉に映った自分の姿に恋し、想いを遂げられずにやつれ果て、水仙（narcissus）の花になってしまったというお話です。

50年ほど前のフランスで、もっとも躾《しつけ》の厳しい家庭の娘たちは、ある一定の年齢になるまで鏡を見るのを禁じられていました。容姿で悩んだり、おしゃれに目覚めるからという理由によるものでした。

確かに、自己観察もほどほどにしましょう。

私の母は、つねづね私に「悩ましい問題について話すことは、その問題をさらに大きくするだけ」と言っていました。観察がすぎるというのも同じことです。

# 危険なナルシシズムをデトックスする

投稿、自撮り、ストーリーズなどで私生活をSNS上に公開し、
「いいね!」やフォロワーの数を増やしていくことに、
もう誰も驚かない。
むしろその傾向はますますエスカレートしている。
それは個人評価の新しい情報源?
それとも過度なナルシシズムだろうか。

――ステファノ・ルピエリ、フランスの新聞記者、
「レ・ゼコー」紙(2018年7月6日付)より

今や多くの人たちの生活にすっかり溶け込んでいるインスタグラム。みんな朝から晩までこのサイトにアクセスしては、自分の日常を写した写真や短い動画を投稿しています。

なかにはフィルターをかけたものや、修整を施した写真もあるようです。この投稿者たちは、当然ながら自分のナルシシズムを自覚しています。それがときには多少破廉恥なものでも、自らをこのように公開することで、人を共鳴させるような力を自分の人生が持った気分になると言うのです。

たとえその「投稿」が自らの日常を反映したものでなくても、それがないと空虚感に襲われ、「友人」を失い、自分に対する自信も喪失するほどだと言います。

果たしてこのナルシシズムは健全なものでしょうか。つねに人の目を気にすることで、自分が不安定にはならないでしょうか。

ある人たちは、「いいね！」とコメントされることは美味しい料理を褒められるのと大して変わらない、悪意のない健全な個人評価だと言っています。

しかし、ナルシシズムに苦しみ、傷つきやすく自信のない人たち（実は想像以上に多いのです）にとって、このコミュニケーション手段はむしろ悪影響をおよぼすものであることを私たちは見落としてきました。

特に、ＳＮＳ内でのやりとりのみで生きているような人たちにとっては、これは憂慮すべき不満足な状態をつくるのです。

最近の研究によると、ＳＮＳ依存の人たちには平均よりも高い比率で鬱症状が見られ、彼らは投稿すればするほど、感情面でのストレスに苦しむことがわかっています。

自らつくり上げた自分の理想像の犠牲となり、それに依存し、そのイメージを保とうとし続けるうちに疲れ果てるのです。そうして本物の自分はというと、どんどん空しく、ほとんどいないも同然のつまらない存在と化していくのです。

この問題は社会問題にまでなってきたため、フランスではアルコール依存症の治療と同様に、「セルフィー・デトックス・センター（自撮り依存治療センター）」が設立されました。ただし、アルコール依存症の場合もそうですが、完全に立ち直れる人は非常に少ないようです。

『スマートフォンを手なずけるためのマニュアル』の著者、ギイ・ビーレンバウム氏は以下のように、依存症から脱するためのアドバイスをいくつかあげています。

・まずは、スマートフォンに送られてくるさまざまな「通知」を削除することから始める。これは利用者が主導権を得る方法となる。すなわち、スマートフォンからの情報を無作為にチェックするのではなく、利用者に「自分でチェックする権利」を与えるためである。
・それでも難しいようなら、スマートフォンの表示画面を白黒設定にし、アプリケーションの魅力を半減させる。
・プライベートの満足度を上げる情報源を見つけて、自分に合った自然な時間をすごすようにする（たとえば本を読む、近親者とおしゃべりするなど）。

・完全にやめるのではなく、自分にとってこれは重要と思うもののみを投稿する。大切なことは現実と仮想のあいだの溝を深めないこと。

このようにして「デトックス」に成功した人たちは、身体面において信じられないほどのメリットを感じ、特に睡眠の質が高まり、熟睡できるようになったと言っているそうです。あなたも試してみてはいかがでしょうか。

## 若者は「もの」より「面白い人生」を求めるけれど

最近の傾向として、人生の成功が、その人の持っている「もの」により判断されるのではなく、その人の「経験」から測られるようになってきている気がします。

20世紀における成功や豊かさの象徴、すなわち自家用車や家、テレビ、パソコン、携帯電話、バカンスなどは、特に現代の若者にとっては価値が曖昧になってきています。これらは彼らにとって、真っ先に興味をそそるものではなくなっているのです。

彼らの野心は、いわゆる「持ちものの蓄積」の上をいくものです。だからといって彼らが内面的なニルバーナ（悟り）の域に達しているということではありません。彼らにとって物質的な「もの」は簡単に手に入るので、もはやご褒美の扱いではなくなり、ありきたりのものとなっているのです。

このように、お金さえ出せば欲しいときにすぐに何でも手に入るようになってくると、人生は刺激的ではなくなります。そうなると必要となってくるのは、「面白い人生」ということになります。

今、若者の世代が求めているのは、昔の若者が追求していたような成功の証である「もの」ではなく、「経験」の蓄積。彼らがどこかに赴き、何かを経験してみることのほうが、どのメーカーの車に乗っているかよりも重要なのです。

そうしてみんなが憧れるのがクリエイティブな仕事。たとえば広告、建築、工芸、デザイン、ファッション、映像、音楽、舞台芸術、出版、プログラミング、ビデオゲーム制作などといった仕事に就きたい人が増えています。

しかし、この分野で職業として実際に身を立てていける人材はどれだけいるでしょう。

また、そうして身を立てたら今度は、「成功した人生」を証明する基準を満たすために苦心するようになります。燃え尽き症候群、厳しいストレスに悩まされる人もいるでしょう。

もちろん、野心を燃やすのはよいことです。しかし高望みすると、つねに背伸びをし、自己啓発を強いられ、その圧力に潰されて身動きがとれなくなります。

無理に背伸びをして「自分」ではない人間になろうとしたり、完全を求めたり。ロールモデルを持つのはよいですが、周囲に本当の自分と違うイメージを見せようとするのはやめましょう。

人は、普段のありきたりの暮らしの中でも楽しい人生を築いていくことはできます。これこそが本当の知性と呼ぶものなのです。

## 「プレーン」とは自分をあえて下げる楽しみ方

人は自由になることを覚えたときに、初めて自制できるようになる。

——ジャン＝リュック・ポルケ、フランスのジャーナリスト、『ほとんどの出来事を予測した男　ジャック・エリュール』より

SNS網が届かない生活ゾーンはますます狭まり、世界中どこにいてもネットに

つながる社会になってきています。

でもこのあたりで「つながる」のを少しお休みして、自分の街で、自分の居場所で、小さな楽しみを持つことに喜びを見いだしてみてはどうでしょうか。

それは社会的に自分を高めようとする堅苦しいものではなく、英語では「プレーン」と呼ぶ楽しみ方。すなわち思いっきりくつろいで、パジャマのまま、気ままに好きな映画をひとりで鑑賞する夕べ、というような自分をあえて「下げる」楽しみ方です。

ざっくばらんな気取らない人たちと交流し、難しい哲学や政治の話は抜きにして、和気あいあいと手軽な料理を一緒に囲むというすごし方です。

実は、気取らない人たちには相手を気遣う不思議なバランス感覚が備わっていて、一緒にいると気分も安らいでくるのです。

相手が見えないネットでのつきあいと違い、このようなつきあい方は非常に心地よい人間的な交流のかたちなのです。

## 情報をあえて見逃して、現実の経験に返る

今、ネット検索をする人はほかの人が行う検索と同じ結果を見ることはなくなっている。

広告も、情報ポータルサイトで見る記事も同じものではなく、隣の人と同じビジネスオファーを見ることもない。

インターネットは知識のすそ野を広げるものとされているにもかかわらず、その利用者は、情報がまるで漏斗《じょうご》の底に流され、絞り込まれていくように、

ますます偏った情報のみを受け取ることになる。

――マルク・デュガン、フランスの著述家／クリストフ・ラベ、フランスの週刊誌「ル・ポワン」のジャーナリスト、共著『裸にされた人間』より

グローバリゼーションは、社会の仕組みとして完全に組み込まれてしまいました。今ではスマートフォンで検索するだけで、瞬時に世界で何が起きているのかを知ることができます。

ところが、「よく生きる」ためには、いくら情報や知識があってもだめで、それよりも自らの経験を「賢く識別する能力」が必要になるのです。

「情報過多」に加え、「ネットへの依存」の問題も起きています。一体どれほどの人たちが、ネット上のサイトを見ること、もっとほかの情報、もっとほかの発見を検索する誘惑と戦っていることでしょう。

しかし、よく考えてみると、情報を「見逃すこと」を恐れるなんて馬鹿げていませんか。

従来のメディアで情報量も限られていた時代には、見逃すと大変なこともあったでしょう。でも今では、ネット上の情報の多さに、かえって数えきれないほどの情報を見逃しているのです。と同時に、何千、何万もの情報やアイデアが私たちの生活をかき乱し続けています。

ここで唯一良識的なアドバイスがあるとすれば、取り込む情報を限定することでしょう。数えきれないほどの情報の中でいくつかのフラグ（標識）を設置し、情報はそこに絞り込み、ほかはシャットアウトしてみるのです。

そして「過剰な情報は私を今より幸せにはしてくれない」、と自分に言い聞かせます。山のような情報も大半は時間泥棒のようなもの、あなたが実際に自ら得た体験のひとつにも値しないからです。

ただ、私が心惹かれる情報もあります。どこかにいる悩みを抱える誰かのために自分の体験を発信する人、励ます声。

そういう情報もなくはないですが、私たちの良識、思考能力を取り戻すためにもインターネットへのアクセスを制限しましょう。そしてより現実的、より具体的な経験に基づいた「知識の源泉」に立ち返りましょう。

## アナログへの回帰が素敵な一歩

新聞は週に1回読むことに決めて、
それを守ることに成功している。
おかげで、酒をグラスに1杯ほど飲み、音楽を聴くという人生でもっとも重要なことに集中する時間が確保できた。

――トム・ホジキンソン、イギリスの著述家・ジャーナリスト、
『自由になる技』より

爽やかな朝に、新聞を開くと悲惨な事件が毎日載っていて、明るい気持ちをたちまち消してしまいます。まるで新聞は不安を煽る装置、特に恐怖と「あっ！」と言わせるニュースにはこと欠きません。

どの新聞もみな同じメッセージを伝えています。「用心したほうがいいですよ。世の中はとても危険。なぜならテロリスト、道連れを企てる自殺者、強盗、そして自然災害でいっぱいなのですから。家の外には出ないほうが安全です」といった具合です。

それでも新聞はまだ穏やかで、インターネットではさらに情報が集められ、過激な発言も飛び込んできます。

世界のどこかでは常時戦争が行われています。

何が違うのかと言うと、毎回、相手となる「敵」が違うのです。「敵」が違うだけで、あとは同じ不安と、最後に「大衆の非力」という同じ結末。

しかし、経済アナリストのブライアン・ディーン氏によると、犯罪件数はこの数世紀、一定で変わっていないとのこと。実際、私たちは交通事故や冠状動脈系の危険に晒されているほうが多いのです。


できるだけ多くの情報をかき集めたいという欲求と、収集するために必要な集中力の持続、この双方をバランスよく両立させることはどこまで可能でしょうか。

私たちの脳そのものは、5万年前とさほど変わっていないそうですが、機能的に30％向上し、メモリー（記憶力）が2倍になったと言われます。

ところが私たちの「ハードディスク」にいたっては、ほとんどが不必要な情報やデータにより飽和状態に陥っているのです。「初期化」でもしないかぎり、この状態のままにしておくのは危険。私たちの大切なメモリーは消耗し、GPS依存のせいで方向感覚さえも失いつつあります。

ロンドンのタクシードライバーは街の地図を、どんな小さな路地裏までも完璧に暗記していることで知られています。そこでこれらのドライバーの脳をＭＲＩで調べたところ、記憶を司る海馬が普通の人よりも肥大していたことが明らかにされたそうです。

今日では紙の地図は廃れ、失われつつあります。しかし、紙の地図や年表は何千年ものあいだ、私たちの思考を組み立てる助けをしてくれていました。アナログではあっても、「過剰」よりどれほど人間的かわかりません。

アナログへの回帰、もしかするとこれが、私たちにもともと備わっていた能力を保持するための、そしてより生きやすい世の中にするための、「初めの一歩」になるかもしれません。


私たちの心を良質の「原料」で養いましょう。本、食べもの、美しいもので。そうすると肥沃になった心は、美しく、ためになるものをつくり出してくれます。

友人や仲間に関しても、活力を与えてくれる人や、一緒にいると心弾む機嫌のよい人とつきあうようにしましょう。私たちには選択する自由が与えられているのです。

それならば、自分の人生には、努めて上質の喜びを与えてくれるものや人を選んでみませんか。

## なぜ道教の賢者は朗らかなのか

とかく私たちは「幸福」を外の世界に追い求めます。でも実は、「幸福」とは自分の内面にほのぼのと感じるもの、つまり、ささやかな喜びが満たす深い充足感の中に見つけるものなのです。それはほとんどの場合がプライスレスです。

道教の賢者の例をひとつ見てみましょう。道教では過去を悔やんだり、将来のことを心配したりすることもなく、朗らかに今ここに生き、現在を、そのときどきの楽しみを充分に受け入れます。

賢者は個人的なものは何も持たなくとも、森羅万象との調和を妨げるものを拒否することで、得る喜びに満たされます。

自分のエゴを捨てることで完全な自分自身になり、自分を忘れることで自分を発見します。あえて何の行動も起こさなくても、そこにいるだけで他者に影響力をおよぼし、心は幼児に戻り、その弱さを受け入れるからこそ強くなれるのです。

そして人生を充分愛したからこそ平静に死をも受け入れ、朗らかに笑いながらも真摯《しんし》に人生を受け止めているのです。

ここまで述べてきたように、自分の感覚、経験、そして自分自身を観察することから始めて、自分流の考えを持つことを意識してみましょう。

よい人生を送るためにもっとも必要となるのは、「善し悪しを見分けること」と「よい判断をくだすこと」、このふたつです。

偏見とエゴから来る不安、心配、成功願望、他者との比較が、私たちを不幸にしているのです。

# 8

# 私たちの美徳を発揮する方法

Virtue

# 聡明な人の本能がレトロを求めている

これがわたしの常態であるから、
わたしは世の中の文明的進歩に対しては、
懐疑を越えて圧倒的な反感を覚えずにはいられない。
世の中がどれほど文明的に発展しようとも、
畢竟《ひっきょう》、人間が人間であるということからは絶対に逃れられないのだ。

――山本耀司、ファッションデザイナー、
『MY DEAR BOMB』岩波書店より

昔のレコードプレーヤーやセピア色のモノクロ写真、素朴な消しゴムとノート、

1975年ごろの生活を描く映画やテレビドラマなどなど。古き良き時代を懐かしむ風潮が、つい最近まで流行していました。

この現象は、デジタル化の影響も今ほどではなかった、私たちがまだ若かったころ、あの呑気に暮らしていた時代への郷愁からきていたのでしょうか。

違います。なぜなら当時を知らない今の若者たちにまでこのブームがおよんでいたからです。それでは、なぜ彼らは過ぎ去った時代に戻ろうとしていたのでしょう。

もしかしたらそれは実際に手で触り、目で見て確かめてものごとを理解できる生活だから、ではないでしょうか。

デジタル化は私たちの生活を激変させました。そして今なお、ものすごいスピードで私たちの暮らし、習慣、能力やメンタリティーにまで変化をおよぼし続けています。そのあまりに速いスピードに、私たちはどれだけ生活が便利で快適になったのかさえわからなくなっています。

確かに、デジタル化により私たちの暮らしは格段に便利になっています。しかし、実はその見返りに想像以上のものを失っているのです。そのことにようやく私たちは気付いてきました。

たとえば、社会においてはプライバシーや自由の喪失、個人においては能力（五感、知性）の低下、個性やオリジナリティーの喪失、さらに良識、謙遜、羞恥心、忍耐力、芯の強さ、潔白さ、利他主義といった人間的な美徳までもが失われてきているように思います。

デジタルの世界はまるで魔法のようです。私たちは何よりもまずその手軽さの虜にされます。もうそれ以前の生活になど一分たりとも戻れないと、誰もが思うでしょう。

# ネットを使うほど錆びつく五感を甦らせる

ヘンリー卿が庭に出てみると、ドリアン・グレイは
大きなひやりとしたライラックの花のなかに顔を埋め、
その香りを酒でも飲むように夢中で吸いこんでいた。
ヘンリーはかれのそばに寄って、肩に手をかけ、
「あなたがいましていることは確かに正しい」と囁《ささや》く。
「感覚だけが魂を癒《いや》すことができるのだ、
ちょうど、魂だけが感覚を癒しうるようにね」

——オスカー・ワイルド、イギリスの作家、
『ドリアン・グレイの肖像』福田恆存訳、新潮文庫より

友人のたか子さんは、早朝、通りを誰かが箒で掃除する「シャッシャ」という音がとても好きだと言います。

私はといえば、万年筆で手紙を書くこと、美しい紙を選び、インクの香りを嗅ぎながらペン先を紙面にすべらせて、ときどき手を止めては文字の太さ細さを見極め、満足感に浸ります。これこそが感覚を集中させることで得られる小さな快感のひとつです。

もちろんほかにもたくさんあります。焚火の魔法というものも。パチパチと弾ける炎、そこで、さつまいもやとうもろこしを焼いたとしたら、その焼ける香りや心地よい暖かさ、これらすべてが私たちの視覚、聴覚、嗅覚、味覚、触覚を「養って」くれるのです。電子レンジは便利ですが、その役目は果たしません。

普段の生活でかつて当たり前のように味わうことができたこのような楽しみ、今ではどんどん減ってきていますね。

それに加えて、私たちの感覚は人工的な素材を使用することですっかり麻痺しています。

たとえば天然染料。自然のものは灰色や白や黒のような色でもさまざまなニュアンスを見せてくれますが、そのひとつひとつの美しさを私たちは忘れてしまっているかもしれません。

さらにパソコンのキーボード入力に慣れてしまっている私たちは、ペンで書くときにスペルミスや書き損じをするようになっています。

一方で私たちは新しい刺激を得るために、ゲームやネットに「飽くなき欲求」を覚えるようになってしまいました。それによって錆《さ》びついていく五感が、私たちの生きる楽しみを失わせていることにさえ気付かないでいるのです。

# 魯山人が鑑賞させたかった空間の美

前の東京オリンピックがあった昭和30年代といったら、小さな町や村にはネオンや眩しいライトもなく、夜間は静寂そのものでした。

さらにさかのぼって、江戸時代の日本では、室内の「美」を行灯《あんどん》か蠟燭《ろうそく》の照明で醸し出していました。

仮に蠟燭一本の明かりで照らす室内を想像してみてください。床の間の掛け軸の画が蠟燭の揺らぐ炎に照らされ、描かれた魚は躍っているように、波は寄せてくるように見えるのではないでしょうか。

有名な陶芸家で料理研究家でもあった北大路魯山人が最初に開いた個展では、照明のないほうが空間全体（展示品以外の部分）をよりよく鑑賞できるからと、人工的な照明を一切点けないでほしいと要望したそうです。

しかし展覧会の主催者側に聞き入れられず、結局、来場者は肝心な空間全体を味わわないまま通りすぎるという、残念な結果になってしまいました。

## 触れたり触れられたりすることの魔法

朝になり、ドミニクが浴室に入ると、浴槽にはすでに湯が張られている。

彼女が好きな入浴剤のヒヤシンスの香りがしている。

アクアマリンのような藍色をしたタイルは磨きたてられ、

彼女の足の下で輝いている。
とても大きなタオルが、彼女の体を包むべく、
雪の吹き溜まりのように真っ白に、広げられている。

——アイン・ランド、アメリカの作家、
『水源』藤森かよこ訳、ビジネス社より

自分の幸福を「意識」するのです。あなたの経験ひとつひとつに最大限の注意を払い、それらをできるだけ深く、じっくりと時間をかけて味わってみましょう。

現代は、もっぱら見ることや聞くことが優先されがちです。しかし、昔は視覚も含め、すべての感覚は触覚の延長ととらえられていました。

人間は触れられたり、あるいは美しいものに触ったりすることで、情緒の均衡を保っていると言われます。

高齢者たちが人間的な温かみのある介護者の手ではなく、ロボットに介護されるようになったらどうなるでしょう。

私たちの体は愛され、大切にされていると感じると、それだけでも山を越えられるほどの勇気が湧いてくるものです。

触れることで味わえる小さな幸せのために、料理はプラスチック皿ではなく、磁器か漆の器に盛りつけたいものです。たとえばプチトマトを、お気に入りの豆皿にコロンと入れてお出しするだけでも楽しい気分になるものです。

本、美しい手帳、便箋や封筒などを自分にプレゼントしましょう。電動ミキサーの代わりに小さなすり鉢を、手動のコーヒーミル、手織りの布、化学塗料が塗られていない木製の家具などに囲まれて暮らしてみませんか。

## 五感を磨き、生き生きとした精神を保つ方法

見る、聞く以外の私たちの五感をこれ以上失わないためにも、できるだけ頻繁に次の質問を自分に問いかけてみましょう。

「私は今何をしているの？」と。

ある日のこと、朝早く目が覚めた私は、外気を入れるために窓を大きく開けました。すると目の前の、まだ日の出前の早朝の晴れ渡った空に、昇っていく太陽と白っぽくフェードアウトしていく満月の両方が現れたのです。

まさに感動の瞬間でした。群青《ぐんじょう》色の空は次第に明るくなっていき、鳥がさえずり始め、淡いピンク色のひつじ雲があちらこちらに浮かんでいるのが見えてきまし

た。初夏の爽やかな風が頬に心地よく、これこそ自然からのご褒美です。

みなさんも機会あるたびに、見る、聞く、触る、そして時間をかけて徹底的に「感じる」訓練をしてみてください。感覚が鍛えられ研ぎ澄まされてくるにつれ、それは習慣と同じように〝第二の天性〟となってきます(古代のことわざでは「習慣は第二の天性」と言われています)。

やがて、葉の上に落ちる水滴の音を聞きとれるほどの素晴らしい感覚も味わえるようになり、あなたを取り巻く環境の中に、今まで見すごしてきたささやかなものの美しさを感じられるようになるでしょう。

日常の中に無数の小さな感動を発見できるようになると、退屈な現実が遠ざかっていきます。このような感動は、人工知能があなたに絶対感じさせることのできないものです。

# 本はこれからも私たちの砦

時分時《じぶんどき》、空きっ腹が鳴るのを堪《こら》えながら、
前々からほしいと思っていた本が
願ってもない安値で古本屋に出ているのを見かけたとなると、
どうして素通りできようか。（中略）
ポケットの銅貨をまさぐりながら、
屋台を横目に歩道を行ったり来たりした。
意識のうちでは二つの欲求が鬩《せめ》ぎ合ったが、
ついに意を決して本を買い、
下宿でパンとバターだけの食事をしながら貪《むさぼ》り読んだ。

――ジョージ・ギッシング、イギリスの作家、『ヘンリー・ライクロフトの私記』池央耿訳、光文社古典新訳文庫より

ネットサーフィンをしているときの私たちの脳の状態は、あらゆる風向き、時流に開かれています。それは目まぐるしく2分ごとにラジオの周波数を変えるのに似ています。しかし脳のこの状態は、読書で培う集中力とは質の異なるものです。

もちろん、プルーストやトルストイを何回も読み直すことは自分との闘いに匹敵するくらい厳しい作業かもしれませんが、すぐにひらひらと蝶のように注意力が散漫になる私たちの脳にとって、読書ほど脳を活性化する「リハビリテーション」はないでしょう。だって1~2時間ひたすら読み続けることになるのですから。

そういう意味からも、本はもしかするとデジタルの侵略に抵抗する最後の、そして不可侵の砦になるかもしれません。

それはスピード信仰の通用しない沈黙の空間、私たちの混沌とした日常の中に一

貫性を維持してくれるからです。

私にとって読書は「長生きの秘訣」でもあります。漱石、モーパッサン、F.フィッツジェラルドというような素晴らしい作家たちが書いた明晰な文章を通じ、作品中の広大な空間を駆け巡ることで、私たちはときには励まされ、ときには充実した人生の喜びを味わいます。イマジネーションに浸ること——そうです、本を読むことは現実からの素晴らしい逃避の機会を与えてくれるのです。

読書を紙の本とタブレットで読むのとではまず、ページをめくる、前のページに戻り読み返す、同じ個所にしばらく留まるなど、読み方の感触がまったく異なりますね。でも、違いはそれだけではないようです。

最近のある研究によると、電子書籍を読むのと普通の紙の本を読むのとでは、脳の刺激される部位が異なることが判明しています。

紙の本は私たちの思考の深層に働きかけているとのこと。そこで研究者たちは教訓的な実験を試みました。

被験者となったふたつのグループに同じ小説を読ませ、その結果を比べるというものです。

ブックリーダーやＰＣタブレット、スマートフォンなどで読んだグループの75％はその小説のストーリーを難しいと感じ、一方、紙で読んだグループでは難しいと感じた人はわずか10％でした。別な言い方をすれば、私たちの認識能力そのものが、デジタルでは落ちてしまうということになります。

# 使う言葉が減ると、人は深く考えなくなる

ニュースピークの目的はイングソックの信奉者に特有の世界観や心的習慣を表現するための媒体《ばいたい》を提供するばかりではなく、イングソック以外の思考様式を不可能にすることでもあった。（中略）少なくとも思考がことばに依存している限り、文字通り思考不能にできるはずだ、という思惑《おもわく》が働いていたのである。

――ジョージ・オーウェル、イギリスの作家、『一九八四年〔新訳版〕』高橋和久訳、早川書房より

ネット上に飛び交う略語、または最低限の文字表示などは、時間の短縮にはなり

ますが、こうした表現ツールばかりを使っていると、私たちの考え方は広く伝わるどころか、それを伝える表現力がどんどん乏しくなっていくのではないかと心配しています。

ショートメール形式の文章は、スピーディに簡単にコミュニケーションをとるためのもの。文章が短く簡単であればあるほど、相手も深く考えなくなります。現代の若者は140字で会話すると言われる所以《ゆえん》です。

しかし、ここまで文章が簡略化されてくると、伝えたいことに食い違いや、文脈の意味にも微妙に誤解が生じたりします。イデオロギー的にも影響をおよぼします。なぜなら人は語彙《ごい》の幅が狭まるにつれて、考えを表す道具を失い、「深く考える」という試みをしなくなるからです。

インターネットのウェブサイトは、言葉そのものを簡略化する機械のようなもの。使用される文字や言葉が少なくなればなるほど、私たちが世の中を見る目も視野狭窄《きょうさく》になっていくのです。

これは私たちの批判的精神、すなわち私たちの自由の終焉を意味するものだということを、ずっとお伝えしたいと思っていました。

## 「手で書く」ことが心を鎮める

日本語の「文化」という語には漢字の「文」が含まれます。これは文化が「文」すなわち文字により後世に伝えられるもの、と解釈してもよいのかもしれません。

そして手帳。これは私たちの過去と未来、今という瞬間を同時に記録する手段。

もしかすると私のように、手帳に記したメモが将来何かの創作のヒントになることもあるでしょう。

手帳にはメモのみならず、さまざまな書き損じ、意味不明の落書きなども書き込まれるので、持ち主の個性や人間臭さもそこに生き生きと刻み込まれるわけです。

実際、紙にメモをとるのはスマートフォンやPC、クラウドサービスに情報を入力するより気楽にできます。これだけスマートフォンが普及しても、システム手帳の売り上げは落ちていないというのがそのよい証拠。

紙の手帳は何より電力を必要としません。長期間の保存もできます。手帳を利用することで、ハッキングの被害や故障やデータ紛失の被害に遭う恐れもありません。OSを立ち上げたりアプリを開いたりしてアクセスするパソコンやスマートフォンと違い、パラパラとページをめくるだけで、どこに何が書いてあるのかがすぐにわかるので大変便利です。

「書き方」は私たちが年少のころに学んだように、大切に後世に引き継いで行ってほしいと思います。なぜなら「手で書く」というのはひとつの「表現法」でもあるからです。

さらに、「書く」ことには官能的で触感的な楽しみがあります。ときにはこれが瞑想法のひとつとなることも。

日本の寺では「写経」という修行がありますが、これは般若心経などの経典を一言一句完璧に書き写すことで心を鎮めるというものでした。

日本の民俗学者、南方熊楠《みなかたくまぐす》も、文献を手書きで書き写すことがもっともよい学習法だと言っています。

最後に、人の肉筆は誰にも真似できません。これはもっとも確実な本人認証の手段なのです。

# 若者はデジタル認知症に、老人は認知症予防に

確かに私たちはインターネットの普及によって、便利で快適な生活を営むことができるようになってきました。ところが最近、若者の多くに見られるスマートフォン依存が「デジタル認知症」を引き起こす危険があると言われています。

スマートフォンなどに食事や睡眠の時間を削ってまでのめり込むようになると、自分の頭で考えたり記憶したりすることをやめてしまうため、高齢者の認知症に似た認知機能低下を起こすというのです。なんとスマートフォンユーザーの約６割が「もの忘れが深刻になりつつある」と答えているデータもあるそうです。

ただしその一方で、スマートフォンやパソコンなどのデジタル機器を使用してネ

ットショッピングを楽しむ高齢者も年々増えています。ネットで買い物をしたり、ゲームをしたりすることは逆に海馬の働きをうながし脳を活性化し、認知症の発症リスクを下げるというメリットも報告されているのです。

したがって、デジタル機器の使用はほどほどに、それを賢く生活に取り入れていくことが今の私たちには求められているのでしょう。

若い人は特にスマートフォンから少し距離を置き、たまには紙の日記をつけてみるなど、文字を書いてみるのもいいかもしれません。

## 今だから日記をつけて豊かな気持ちを味わう

魂に閃《ひらめ》きを与える言葉は宝石よりも貴重である。

――ハズラット・イナヤット・カーン、インドの哲学者、
スーフィズム（イスラム神秘主義哲学）の教祖

ネット上のブログは他人に読んでもらうことを前提に綴られるものです。それはブログ読者のジャッジに自ら進んで身を任せるということでもあります。

また、ブログを書く人は、本心からではない返事を投稿したり、まったく関心のないことがらについても、表向きはさも興味があるように見せかけたりすることもできます。

一方、紙の日記をつけることは読み手を意識せず、プライベートな出来事を日々綴っていくことで、自分にとって何がどのように意味があったのかを振り返って評価したり、幸福だったころの思い出を自分の中に再現したりと、よりよい生き方を学ぶことにもなります。

あなたを豊かな気持ちにさせながら、同時に楽しみをも与えてくれるのです。

さらに、日記をつけることで思考が整理されて、ナチュラルな脳トレにもつながります。自分がこれからどう生きていきたいか、改めて確認することもできるでしょう。

ただし、ひとつ気をつけたいことは、日記を自分の負の感情のはけ口にしないことです。

自分のために日記をつけ、質の高いブログをいくつか選んで活用する。これならば今からでもできる、あなたらしい「豊かな時間のすごし方」になるのではないでしょうか。

## ネットの「便利さ」が挑戦する気力を奪う

2018年3月24日付の「ル・モンド」紙に、「便利さ」の危険についての記事が掲載されていました。

筆者のユベール・ギヨー氏は、「便利さ」が私たちの選択肢、意見、そして人生において下すさまざまな決定に影響をおよぼし、ひいては自分の好みをあきらめてでも私たちは「便利さ」を優先している、と言っています。

私たちは情報を得るためにグーグルを、また、個性を表現するためにフェイスブックやインスタグラムを頻繁に利用していますが、これらのサービスを使えば使うほど、主張したいと願う私たちの権利と個性を失うのだと言うのです。

実際、ウェブページの背景を選ぶとき、私たちはあらかじめ用意された既製の画像を使い、操作方法もおおむねカスタマイズ技術の言うがままに設定を行い、自分らしい個性を表現できなくなっている気がします。

産業革命が始まったばかりのころ、「便利さ」は人類を無駄な労力から解放するためにありました。しかし今、この「便利さ」が幅広い分野に拡大していくにつれ、私たちから「挑戦する気力」までも奪ってしまった気がするのです。

ワンクリックで何でも調べられるウェブサイト、フェイスブックやインスタグラムなどの便利なツールのお蔭で、ある意味、目前の困難な問題に挑戦し乗り越えていく機会そのものが遠ざけられています。

しかし、この「何かに挑む姿勢」こそが私たちの自己啓発の助けになり、今の自分をつくっているのです。このことを忘れないようにしたいものです。

困難のない人生とは一体どんな人生になるのでしょう。

不便で時間のかかるようなことを通してでも、人はその存在を世に示すものです。

今、この「便利さ」に流されないようにするには、自分にとって掛け替えのないものが何なのかを見極め、「便利さ」を制御することではないでしょうか。

では挑戦のない人生とは、どんな人生になるのでしょう。

先ほどの記事の筆者は登山を例にあげています。ロープウェイで頂上まで登るのと一歩一歩足で登るのとでは大きな違いがあります。「便利さ」は結果のみを重視し、旅の行程を省いた目的地のみを目指すようなもの、人生をジェット機での旅にしてしまうものです。

そしてものごとが簡易になってくると、私たちはその空いた時間をさらに楽な用事で埋めようとします。そうすると次第に他愛のない雑用や小さな決定ですら、たいへんな努力を要する大仕事になってくるわけです。

ですからこの「簡易さ」にも用心しましょう。これは一方で、「同時に複数の用事をこなす能力こそが有能さ」とみなす世界をつくっていきます。でもそれは結果として、実際には何もしていないのに等しいのです。

趣味や仕事、私たちを夢中にさせるもの……。こうしたものが私たちを定義するのです。確かにこのように私たちを熱中させるものは、取り組むにも時間がかかるでしょう。失敗するリスクやフラストレーションもあるでしょう。でも、喜びや満足感というものは、困難を乗り越え、時間をかけて初めて得られるということを学ぶのです。

「便利さ」をいつも最適化する今の世の中において、冒頭で紹介したギヨー氏は次のように語っています。

「便利さに限度を定めることが必要ではなかろうか、さもなければ便利さをことごとく失くす危険を冒すのだ」と。

*Freedom*

# 9

# デジタル化から自由になるためのヒント

## ネットというコミュニティーとのつきあい方

　1949年に、ジョージ・オーウェルは近未来小説『一九八四年』を発表しました。本書でもすでに引用していますが、ここに描かれている状況に現代は近づいています。実のところ、すでに私たちにはあまり選択肢は残されていないのかもしれません。

　この小説の舞台は核戦争によって荒廃した1984年の地球です。世界は3つの大国オセアニア、ユーラシア、イースタシアが支配し、この国々は絶えず緊張状況にあります。

　オセアニアでは、物資だけでなく、思想も言語も結婚さえもが統制され、市民はつねに「テレスクリーン」と呼ばれる双方向テレビジョンや、町なかのマイクによってほぼすべての行動が監視されています。

主人公のウィンストン・スミスは、この国の役人ですが、次第にこの体制に疑問を持ち、禁じられた「自分の」思考を持ってしまいます……。

もちろんこれはフィクション。結末はうれしいものではありません。このように管理された生活にならないよう、なんとか阻止しようと思う人たちは現在も確かにいます。

大切なことはまず私たちひとりひとりが、この忍び寄る危険を認識することです。

実際、プライバシーはどれくらい守られているでしょう。

以前なら、隣人が家で何をしようが誰も関知しませんでしたし、その家の給料や蓄えがどれだけあるのか、またどのような問題を抱えているのかなど知る由もありませんでした。

ところが今はこれが正反対になりました。隣人が、自らネット上でプライバシーをさらけ出すようなことが起こるのです。隣人にすれば、大きなひとつのコミュニティーの一部に連なっている気分になり、「承認され、生きている」実感を味わっているのです。

ネットの世界の住人は世間の目を必要としていて、最先端の技術に飛びつきます。ところが、通信や消費、娯楽、パフォーマンスに関連するこれらのテクノロジーがすっかり大企業の手に委ねられている点を、私たちは見落としています。大企業は、アップロードされるネット情報から利益を上げるのみならず、ユーザーの情報をほかに有料で流しているのです。私たちがネットを利用する見返りだとでもいうのでしょうか。

たとえば「椅子」をネットで検索すると、その後に出てくる広告は家具関係に様変わりします。これが継続されていくと、そのうち私たちは逃れることのできないシステムの中に閉じ込められてしまうでしょう。

スマートフォンやパソコン、クレジットカード、個人の家にも普及しつつあるAIロボットなどを介して、私たちはいわば、ファイルされ、管理されていくのです。こうして、自由が完全に失われるということを私たちは本当に理解しているでしょうか。

## 自分の情報は自分で守っていますか？

こういう人がいるとします。経済状態は不安定で、飲酒も喫煙もするし、少々太り気味。その人はネットでアルバイトを探し、健康関連のサイトにアクセスしてセルフチェックをしていました。これらの情報を基にその人のプロフィールは作成され、タイプ別に分類されるのです。

私は日本で生まれて初めて、生命保険会社が「一日平均８０００歩以上歩くと保険料の一部をキャッシュバック」というテレビコマーシャルを流しているのを見ました。

イギリスではすでに健康状態が基準に当てはまらない加入者には、生命保険会社が疾病保険金の支払いを拒否できる仕組みになっています。

初めに例えた人はその対象になる恐れが充分あります。このような管理体制はこれからさらに広まるでしょう。

また、グーグルは収入の約90％を広告から得ていて、ウェブ広告ナンバーワンです。それは一体なぜでしょう。私たちは「自分たちの利益をいちばんに考えてくれる企業はどこ？」と、つねに考えなくてはならなくなりました。

それでも、思考をいっそうシンプルにして、自分の情報は自分で守る時代だと自覚し、人間らしく暮らしていくことを基本に置けば、今起きている変化へもうまく対応できると私は信じています。

## 健康も「手本」目指してハイテクが管理

私たちの体に、ペットのようにマイクロチップが埋め込まれるのは、そう遠くない日かもしれません。

すでに各国の企業が、人の皮下に埋め込むマイクロチップの実験を行っています。現段階では、手に埋め込まれたチップで、ロックされた電子キーの解除、買物の精算などができるそうです。そのほかにも、通っているスポーツジムのデータから、摂取したカロリー、皮下脂肪の量、睡眠のリズムまでがことごとく記録され、管理できるようになります。

そうなれば、健康で調和のとれた生活を送るために、私たちは自ら考えた対策法で心身のバランスを保つのではなく、統計により示された「手本」を目指して「成果」を図っていくことになるでしょう。

こうして私たちは日々、健康面でもファイルされ、分析され、カテゴリーに分類されていくのです。ところで、そうして私たちを管理するとして、誰か責任をとってくれる人がいるのでしょうか。

娯楽、食べ物、保健衛生、情報……と、ハイテク産業は社会全体を変えています。価値体系も、判断プロセスも、生活様式も、人の行動パターンも変化しています。

私たちはもはやここから抜け出すことはできないでしょう。すでに自分たちの意思とは無関係に、この仕組みの中に「はめ込まれて」しまっているからです。

そのうえ、私たちはこの仕組みによりすでに変えられてしまった人たち、つまり「マシーン（機械）の論理」の虜になっている人たちに囲まれて暮らしているのですから。

## 感動や共感こそが人を予測不能にしている

記念写真に対する人々の熱い思い入れは一体何でしょう。今日、大勢の人たちにとって大切なのは「この瞬間をどのようにデジタルキャプチャするか」ではないかと思うくらい。

「現在」は、ピクセル化された思い出のかたちでのみ意味を持つようです。ただ、結局それればかりになると、まるで彼らが現実の複雑さや欠落、混乱、偶然の出来事などによる予測不能な側面を嫌っているかのようにさえ見えます。

でも、デジタルには決して変換できないものもあるのです。

絶景を眺める人間が流す感動の涙、まだ日の温もりを残している桃の実をかじったときに味わう言葉にならない感激、友人たちと一緒に囲む食卓で共感しあう喜び……。

ネットを通じて、どこまでこのような感動や身体的営み、決してデータ化することのできないものを伝えられるでしょう。これこそが、良きにせよ悪しきにせよ、人間を、パソコンのような機械と違い、予測不能にしているものなのです。

私たちも気付かないうちに、現実から勝手に「排除」されないように気をつけましょう。

1950年代、ちょうどテレビが普及し始めたころ、ドイツの哲学者ギュンター・アンダースは各家庭で見られるテレビの映像に危機感を覚え、次のように考察し警告しています。「幻影が現実になると、今度は現実が幻影に見えてくる」と。

私たちはすでに現実をあるがままのかたちで見ていません。すでに明晰な思考も欠いているかもしれません。私たちはまるで投影された現実に、受動的に依存した状態のまま囚《とら》われているかのようです。絶え間なく押し寄せてくるイメージの波は私たちの感覚を麻痺させ、そこから逃れて自由になろうとする意欲さえも削いでいるのです。

むしろ現実が反映する「イメージ」のほうが、現実そのものよりも私たちの頭の中では重要になっているような気がしてなりません。

## 自分らしくあるために「捨てる」を実行

人と違う自分の考え方を伸ばしたいなら、ギリシャ哲学の時代のように、今でも世間に対する批判的精神を培うことが秘訣になります。

そしてそれが現在進行する画一化（商品、生き方、そして「考え方」にいたるまで）を、ある意味、くい止めてくれるのです。

それは私たちがＩＴ依存から立ち直り、人間を基本とし、人間に照準を合わせた社会の再構築に臨むこと。今これが、私たちが挑戦すべきことだと思えてなりません。

哲学者のヴァルター・ベンヤミンは次のように言っています。「ものごとが時流に沿って流されていくことこそが大惨事なのだ」と。

検索エンジンやＳＮＳに私たちが囚われすぎないためには、「捨てる」。これに尽きます。自分の部屋を片付けるように、不要なものを処分するように整然と捨ててみましょう。

まずは面倒見きれないハッシュタグ、果てしなく続くインスタグラム上の自撮り写真やコメントから、この作業を始めてみませんか。

# 少し前はもっと呑気だった私たちを思い出す

ある人が持っているもので、
その人の孤独に寄り添い、与えたり奪ったりできないもの、
これこそがその人の外見や持ち物すべてよりも大切なものなのだ。

——アルトゥル・ショーペンハウアー、19世紀を代表するドイツの哲学者

過剰な情報から逃れるためには、一歩一歩小さな取り組みから始めるのがいいでしょう。まずはSNSを退会してみます。クレジットカードも使う回数を減らして、買い物は現金で支払うようにします。公的書類も紙のものを郵送してもらうように依頼しましょう。

私たちはまだ地図を見たり、ラジオでニュースや音楽を聴いたり、紙の本を読んだり、図書館や劇場やコンサートに出掛けたり、直接口頭で指示を仰いだりする機会があるだけ幸せです。

友人には電子メールでのやりとりを極力減らしたいこと、それよりも肉声が聞ける電話のほうが嬉しいと伝えましょう。そして笑いを交えながら、直接会う機会をつくってその日を待つほうがより楽しみも増すから、と伝えましょう。


このような取り組みで私たちは、いったん自らを社会ののけ者にするという「マージナル化」のプロセスを踏むことになるかもしれませんが、まずはインターネットに接続された世界に対し最大限の警戒を怠らないこと、そこに可能なかぎりはまり込まないようにすることから始めてみませんか。

1970年代を振り返ると、今のような便利さ、快適さ、そして多種多様な情報こそありませんでしたが、私たちはずっと自然に、呑気に、明日を信じて生きていたと思います。

休日の日曜日にメールで請求書が届いたり、上司からの苦情や緊急の仕事依頼が舞い込んだりすることなどは、もちろん想定外でした。

ますます複雑で騒々しくなっていく現代の生活の中で本当は私たち、過去のシンプルな生活に舞い戻ることを夢見ているのではないでしょうか。

もちろん今さら昔にあと戻りすることはできません。でも精神的な「簡素」さを身につけることはできるのではないでしょうか。

# 10

# レトロ、人間が中心の生き方への回帰

Retro

## フランクリン大統領が掲げた13の徳目

18世紀、アメリカ合衆国の大統領、建国の父と呼ばれているベンジャミン・フランクリン（現在の100ドル紙幣で肖像画を見ることができます）は、ある道徳的完成を目指すために、次にあげる「13の徳目」からなるチャートを作成していました。

節制、沈黙、規律、決断、節約、勤勉、誠実、正義、中庸、清潔、平静、純潔、謙虚

これらの徳目は、なかには「純潔」のように少し時代遅れのものもありますが、そのほかは見方によれば今日でも充分に通用するものです。

確かに先進諸国における人々の生活の質と経済力は、科学技術の発展のお陰でフ

ランクリンの生きていた18世紀当時よりもはるかに向上しています。しかし、同時にこの発展が明らかに深い苦悩を私たちにもたらしたことも否めません。

核兵器、環境破壊、格差は日常的な問題となっています。それだけではありません。人々の心理状態や価値観の変化が、私たちから良識、生きる喜びといったものを徐々に奪いつつあるのです。

このあたりで、人類が培ってきた知恵に立ち返ってみてもいいのではないでしょうか。

現代の私たちは、人の目を気にし、一方で何かにつけ目立つこと、何か特別なことを達成することばかりを追い求めているように見えます。

昔の人は、自然災害に対して無力で、人生がいつも楽しいことばかりでないことを粛々と受け入れ、個人差はあるとしても、「尊厳」「恥じらい」「勇気」といった品性を大事なものとしてきたように思います。

騒がしく気配りのない、マナーを欠いた態度などが蔓延する今の私たちの暮らしには、何か耐え難いものがあるとは思いませんか。

## 「待つ」力は人生を開く鍵

この世の真の神秘は可視的なもののうちに存しているのだ、見えざるもののうちにあるのではない……（中略）なにものも取り逃《にが》さず、たえず新たな感覚を捜し求めるのだ。

――オスカー・ワイルド、イギリスの作家、『ドリアン・グレイの肖像』福田恆存訳、新潮文庫より

インターネット社会の到来によって、「待つ」ことが誰もみなすっかり苦手にな

りました。若い世代はワンクリックですべてを得ることに慣れすぎています。望むものはその場ですぐ手に入れることが当たり前、さもなければイライラを募らせるでしょう。

彼らにとっては、その場そのときの張りつめた緊張感がすべてで、「待つ」ことは時間の無駄なのです。

しかし本当は、「待つ」ことを知る、これこそが日々平穏に暮らすための鍵となるのです。性急に解決を望まず、淡々とことの成り行きを見守りながら待つ。この真実は安らぎを与えてくれるものです。

「ザッピング」は今や当たり前の行為。あたかも私たちが時の流れを掌握しているかのように見えますが、現実は正反対です。

仕事も人間関係も、我慢できる人が負けないでいられる人。ですから「忍耐力」を鍛えましょう。これは私たちを「マイスター（匠）」にするほどの切り札です。

# 「心の軽さ」は忍耐や規律で得られる

どんな厳しさでも、それがよいものを伸ばさず、
悪を追放しないものならば無駄である。

——サミュエル・ジョンソン、18世紀イギリスの文学者

私がもっと自分に規律が必要ですと言うと、驚かれるかもしれませんね。

小さいころ、親との約束をわざと破ったときに小さな快感を味わったものです。

ただし、その後必ずお仕置きが待っていました。

苦労してようやく自分の夢を実現させたときの喜びや、学生時代のお金に困った生活などを私たちは忘れてしまったのでしょうか。

昔は車を買うにも、ローンを組むことなどできず、何年間も節約してちびちびとお金を貯めて購入したものです。でも初めてその車のキーでエンジンを鳴らしたときの喜びには、計り知れないものがありました。

だから、たとえ貧しくても青春時代の思い出が、あとになってはいちばん心に残るのです。

今みんなが理想とする安楽な生活は、本当の「心の軽さ」をもたらしてはくれないでしょう。

本来の意味の「軽さ」とは、自分自身にきちんと規律を設け、人生で逆境にあればそれを耐え忍ぶ勇気のなかから得られるものなのです。

安易な快感に流されて「軽く」なるのではなく、逆に現代社会の奔流に真っ向から挑むことで得られる「軽さ」なのです。

先人たちの知恵は、人々をもろもろの空しい欲望から解放に導くためのものでした。生活面においても、くり返し精神修養や禁欲生活を説いていたのもそのためでしょう。

有名な禅僧、道元も、「自己規律された者には規律そのものが当人の心の拠りどころとなる」と言っていました。

## 変哲もない家事の中で真の安らぎに出合う

私は小説を読み、映画を観る。
それは私の存在を助ける偉大な小説や映画だ。
それらが意味するものとは?
どこにでもいるムッシューとマダムといった人間の話。

エマ・ボヴァリーまたはゴリオ爺さんというようなものだ。
彼らの話は人類の歴史なのだ。

――ファブリス・ミダル、フランスの哲学者、
『まずは自分自身を助けなさい』より

今の世の中では誰もが快適さを求め、自分を満足させるためにさまざまなものに手を出そうとします。それはゲームだったり、友人、あるいはグルメだったりするわけですが、あえて当然のことを言えば、手に入れてしまうとそこで満足しきれずに、さらにほかのものが欲しくなるのです。

たとえそれがよく考えて手に入れたつもりのものでも、本心から求めていたものでないかぎり、真の安らぎはもたらされないのです。

この事実を理解したときに初めて、私たちは人生における最大の閃きを覚えるのかもしれません。

エルヴィス・プレスリー、ジュディ・ガーランド、マリリン・モンロー、ジミー・ヘンドリックス、ビリー・ホリデイなどは、成功と名声、望んでいた富を手に入れましたが、最後は自己破壊の中で生涯を終えています。

自分自身に安らぎを覚えられないのは、監獄に入れられているのと同じです。たとえビバリーヒルズに住む億万長者でも、それは同じこと。

人は自分が行うこと――それはキッチンの掃除や家の前の雪かきでもかまいません――それに意識を集中させて熱心に行うと、自分の存在に安らぎと正当性が得られ、えも言われぬ満足感に満たされるようになります。ものや栄誉を「得る」ことと、この感覚はまったく別ものなのです。

## 「律義」な生活が幸福への意外な近道

最近の調査から、道徳的または宗教的とも言えるような「律義」な生活を送ることが、幸福の重要な要素となっていることがわかっています。

それは、質素で高潔、いわばきちんとした生き方。私は特にこの生き方を楽しく実践している日本のお年寄りが大好きです。

先日、京都の郊外でタバコを買い、火を点けようとしたとき、その店の高齢の女店主がライターをカチカチと点けてみてから差し出して、「これは古いモデルのライター、新しいモデルのほうは安全装置が固くてよくないのよ。こちらをお使いなさいな、炎はいちばん小さくなるように調整してね」と言うのです。実に心配りのできる人だと思いました。

もうひとりは、階段を登るのを手伝ってあげた私に、いくら断ってもお礼の品を受けとってほしいと言ってきかない高齢の女性。

このようなお年寄りは、ハンドバッグの中に何かしら小さなプレゼントを万が一のために忍ばせてあるのです。それは小さなハンカチであったり、飴の入った小箱であったり……。

要するに、この人たちは、こちらが求める以上のことをしてくれて、相手にとって何が最善かを当たり前のように考えられる人たちなのです。

背すじをピンと伸ばし、威厳に満ち、にこやかな高齢者たち。年齢からくる体調不良に苦しんでいる人も少なくないでしょう。それでも控えめで、周りの人たちに配慮し、周囲に借りをつくらないように精いっぱい振る舞っています。

このような気配りこそ、次世代に残したい美点だと私は思うのです。

# プレーンな人は競争社会でも品性を失くさない

自分の興味は目にする日常の中で伸ばしていけばいい。

人、もの、文学、音楽というように……。

この世界は豊富な宝、高貴な魂、面白い人間たちではち切れんばかりに生き生きとしている。

そして、それはなんと豊かなことか。

そのなりゆきに自分の身を任せていればいいのだ。


——ヘンリー・ヴァレンタイン・ミラー、アメリカの作家

夏の昼下がり、京都の大徳寺近くの路地から車が一台出発しました。高齢の夫婦

が一軒の家の門前でにこやかにお辞儀をしています。男性はその後すぐに家の中に入りましたが、女性のほうは見ていた私に微笑みかけてきました。

私が美しい庭を褒めると、その女性は合掌して一礼すると、私に、「暑いので体に気をつけてくださいね。今日は日傘がいりますね」と、日傘を差している私を見て、いたわりの声をかけてくれたのです。

この庭には打ち水がされ、40度近くまで気温が上がっていたにもかかわらず、その場所だけはなんとも涼しげでした。

それはなんの変哲もない会話です。でも、この日の出来事は小津安二郎監督の映画の一場面を私に彷彿とさせました。女性の立ち振る舞いの中に優雅さと繊細さ、そして謙虚さを感じたからです。

グレイヘアーをシニョンに結った年老いた夫人、そして閑静な木造の家のおかげで、私はその日一日中エネルギーに満たされていました。

一昔前までは、私たちは今よりもずっとシンプル（英語でプレーン）に暮らしていました。つましい生活を恥じることもなく、目立つこともせず、自分のことを多く語ることをよしと思っていませんでした。勢いに任せた感情の吐露は、精神のバランスがとれない証と見なしていたのです。

よい教育とは、良心と正直さも然《さ》ることながら、「品性」を備えた生き方を教えることでした。

このように謙虚な人たちが醸し出す落ち着いた雰囲気は、周囲に安らぎをもたらしてくれます。滅多に取り乱すこともなく、自らの運命を謙虚に受け止める人たちです。

格差が広がり、競争が競争を呼ぶ現代社会で成功すること、自分を認めさせることばかりを追求して生きることをやめれば、そして些細な問題など気にせずに呑気に生きていけば、私たちはより幸せになれる気がします。

# フランスのパン屋の女主人が張り紙に込めた思い

主人《あるじ》は頭を綺麗《きれい》に剃《そ》った小柄の老人。年は無論六十を越している。
その顔立、物腰、言葉使から着物の着様に至るまで、
東京の下町生粋《きっすい》の風俗を、そのまま崩さずに残しているのが、
わたくしの眼には稀覯《きこう》の古書よりもむしろ尊くまた懐しく見える。

——永井荷風、日本の作家、
『濹東綺譚』岩波書店より

永井荷風は、古い貴重な書物（稀覯の古書）を超える賛辞をその老人に送っています。確かに一昔前の生活には今よりも厳格さがありました。親も学校の教師も、

ずっと威厳があったと思います。そして、当時の日本社会はより秩序立っていたように感じます。

フランスでの出来事ですが、行きつけのパン屋の60歳代の女店主は、ある日、店の入り口に「携帯電話で話しながら店内に入るのを禁じます」と書かれた張り紙をしました。

礼儀を守ることが平穏な暮らし、調和のとれた社会づくりにつながることを、彼女なりに示したかったのだろうと思います。

張り紙が功を奏し、それ以来、店に来る若者たちは、携帯電話をかけながら店に入ることもなくなり、それればかりか、きちんと帽子をとったり、サングラスを外してから彼女に話しかけてくるようになったそうです（昔、人と話すときに帽子をとる行為は当然のことでした）。

「マナー（礼儀）」とは相手に対して敬意を払っていることを示す手段、そして同様に自分に対しても敬意を払ってもらいたいと願うことでもあります。

マナーさえ身についていれば、知らない人と会った場合でも、自分のとるべき態度がわかっているので安心です。

身なりを清潔に整え、髭を剃り、爪を切り、公共の場で大声を出さない、叫ばない、大げさな身振り手振りはしない。これらは当たり前のことです。

## 個人主義の友人と本音でつきあうセオリー

オンラインで交流することは、連絡をとったり、つながりを維持したりすることには役立ちます。また、SNS上に友人が増えれば増えるほど、私たちは人気者ということ。

しかし、自分をバーチャル化したことで、友人・知人ともすぐつながれ、効率こそよくなってはいますが、面と向かった生身の出会いがもたらす「豊かさ」は失われ、交流の実態そのものは貧しくなってはいないでしょうか。

私たちはトレンディで理想的な生活と自分たちの生活を比較し、友人たちはSNS上に彼らの充実した、けれど慌ただしい生活を投稿します。もちろん、そこで見せるのは陽気で文化的な洗練された部分だけ。残りの部分は自分のところにとどめたままなのです。

たとえば、Aさんはバカンスで撮った最高の写真をアップしますが、その数日前、仕事の期日に追われ、ストレスで疲労困憊《こんぱい》していた当人の写真は当然ながら撮っていません。

このように、友人たちのさまざまな体験やご機嫌な様子のみがオンラインであふれんばかりに送られてくるわけです。

だからこそあなたは、友人たちと直接会ってすごす時間が大切だとは思いませんか。

フェイスブックやそのほかのＳＮＳは「出会いの場」と銘打っていますが、そこでは、みな自分の思いどおりにならない孤独にデジタルな仮面をかぶせ、仮想の姿を装っているにすぎないのです。

こうして私たちは自分と向き合い冷静に判断することもせずに、不自然なかたちのまま、人の望むような仮想の自分をネット上に投稿し、本当の自分を見失っていくのです。

さらに深刻なことに、似た者同士のあいだでだけ話をするため、意見が偏っていく恐れもあります。

前にも述べたスウェーデンの「ラーゴム」とは、多くを求めない、人と比べない、リラックスし、ときには「あきらめる」ことの大切さと気持ちよさを教えるものです。

スウェーデンはもともと個人主義の強い国です。そのなかでラーゴムは人の心のバランスを整えるものであると同時に、個人を取り巻く社会の調和をも求めていくものです。

ラーゴムを実践する人たちはスマートフォンの電源は切り、ホットココアを飲み、キャンドルを灯して語らうのです。

このように集まってともにすごす夜の重要なポイントは、快適な空間をほかの人にも広げていくことにあります。自慢話や派手な格好はタブーで、みんなが寄り添い、のんびりとくつろぐのが目的です。

# バーチャルの時間を減らし友人と酌み交わす

友は数人もいれば十分。料理の味付けが薄味でいいのと同じです。

——アリストテレス、古代ギリシャの哲学者

インターネットの世界でつながる友人というものを考えるとき、365人の「友人」と365日ひとりですごす晩という光景が目に浮かびます。毎日そうした友人とネットしあっていても、自分ひとりでいるようにしか見えません。

バーチャルはメンタルの一種の興奮状態をつくり出すため、確かに満足感を与えます。でもその満足感は、メンタルを一時的に満たすもので持続しないとも言われます。

バーチャルは、その凄まじい技術の進歩にともない、コミュニケーションに欠かせない重要なものですが、一方で、それが現実の生活に沿ってもうひとつのパラレルワールドを築いていることもあわせて理解する必要があります。そしてそれが私たちを現実の自分自身、そして自然界からだんだん遠ざけていくことも。

あなたは大切にしている人間関係に、どれだけバーチャルでない時間を費やしていますか。

私たちは与えられた時間をどう使うかで、精神の均衡を保っています。

暮らしの中からバーチャルの部分を減らすということは、ネット上の人間関係を減らしていくことになりますが、その反面「本当」の友と築く、具体的でより堅固な人間関係の輪は広がっていくでしょう。

そういう友と、「百年の孤独」や「天使の誘惑」（なんと素敵な焼酎の名前でしょう）のようなお酒を酌み交わしながら、楽しい時間を分かち合い、人間の喜怒哀楽について話してみてごらんなさい。ＳＮＳについて考える時間などどこかにいってしまうでしょう。本当の友情というものは非常に少ないもの。真の友人と呼べる人は実は数人しかいないものです。

## まず、あなた自身のために時間を割く

年を重ねて、二通りある知の形を峻別しなくてはならないと考えるようになった。すなわち知能と心知で、頭よりも心の方がはるかに大事だという確信は揺るぎない。（中略）が、それにしても、これまで知り合った立派な人間はみな、頭で考えるよりも心の働きで愚を犯すことを免れている。

――ジョージ・ギッシング、イギリスの作家、
『ヘンリー・ライクロフトの私記』池央耿訳、光文社古典新訳文庫より

あなた自身のためにも時間を割くようにしましょう。ひとりになることは、ひとりで考え、人の影響を受けずに問題を解くことを可能にしてくれます。

今の世の中、まったくひとりでいられることは滅多になく、たとえそうであってもどこかでメールやSNSなどで人とつながっていることが多いものです。ときには世間とのつながりを意識的に断ってみること、そしてひとりになる時間を確保するのはいいものです。

ひとりランチはもちろんのこと、ひとりで日帰りの旅や、お芝居を観に出掛けてみるのも悪くないでしょう。他人よりもまずは自分の面倒をみるのです。自分を優先させてみると、他人とのつながりをよりよく理解できるようになります。

退屈だから友人に会いたい、というのは一種の物乞い行為です。友人たちに会う

というのは、あなたからもその人たちに楽しい時間を提供し、一緒に楽しみを共有することだと私は思います。

あなたは自分にとってさほど必要のない人たちと、どれだけの時間を一緒にすごしていますか。あなたは電話のコールバック、夕食の招待への返事、メールの返信にどれだけのエネルギーを費やしていますか。

ちょっと素敵な人だから、という単純な理由だけで、すぐにアドレス帳に追加するのはやめましょう。

## 京都の女性の秘められた情熱

生活上の欲求が君臨している世の中は相互扶助の世の中ではなく、

それどころではありません。
人間は自分自身のために多くの物を必要とすればするほど、
隣人のためには尽くすことができません、
血縁でつながった人々のためにさえも。

——シャルル・ヴァグネル、19世紀フランスの牧師・哲学者、
『簡素な生活』大塚幸男訳、講談社学術文庫より

個人主義にはいろいろな解釈がありますが、最近の個人主義は、本来のものではなく、むしろナルシシズムに近いものになっているようです。

このごろ、自分の成功や利益や快楽を最優先にし、他者や世間に対しては無関心を決めこむ、という人が増えている気がするのです。

自分に関係ない人には関わらない。他人は他人であって私ではないと割り切り、まるで自己中心的です。交わることのない利己主義の平行線上を行くほうが、世知

辛い世の中では生きやすいのかもしれません。

しかしそうなると、愛は肌の触れ合いだけのものになり、残念ながら、しみじみとした味わい深い愛情、相手を思いやる慈しみの心、誠実さやシンプルさなどが失われていくでしょう。

本当のパッション、すなわち「情熱」がどんなものか、また「情熱」的に生きるには長い時間と辛抱がつきものだということも、忘れてしまっている気がします。

京都では夫が浮気しても妻がなかなか離婚しないと聞きます。京都の女性は必ず相手を立て、優雅で控えめな話し振りで知られていますが、その裏に辛抱強く夫を支えていく秘められた情熱のようなものがあるのでしょうか。そしてもしかしたら、それが夫を離さないための秘訣なのかもしれませんね。

# 人生で大切なのは、幸せに生きること

今よりも生活しやすく人々が幸福だった「古き良き時代」を過去に設定することは、どの時代にも見られること。

でもそれは、単なる懐古的な逃亡ではない。

それどころかわれわれが前進するため、存在の最優先課題を見つけるため、要するに「よく生きるため」のアイデアをみなそこに求めるのだ。

なぜなら過去は確実に実在したのだから。

想像上にあるだけの未来よりもはるかにあてになる。

——トム・ホジキンソン、イギリスの著述家・ジャーナリスト、
『自由になる技』より

黒柳徹子さんの幼少時代を描いた自伝的物語『窓ぎわのトットちゃん』（講談社青い鳥文庫）を読むと、子どもがいかに無邪気でピュアであるのかがよくわかります。親も子どものころはもちろんそうであったでしょう。

人生においては勝者になること、競争に耐えることがすべてではありません。大切なのは、幸せに生きること。

今の世の中では、利益をもたらさないものは何の価値もなく、何も持っていない人は価値のない人間とみなされる傾向があります。貧困は、それがたとえ正当なものであっても恥と受け止められ、反対に金銭は、たとえそれがやましいものでも難なく功績とみなされてしまう。

どうも私たちは、私たちの活力の源となる「夢を信じる」という高尚な意気込み

を忘れてしまったようです。

一方で、私たちが何でもできると大きな期待をかけているＡＩはどうでしょう。ＡＩには、人間性を重んじた人選はできないでしょう。人間の心に閃くような想像力を発揮することもできないでしょう。ＡＩには人の脳に刻まれた良心や、感動の体験に到達することもできないはずです。創造力や夢を持つこともないでしょう。

私たちは、人間の弱さがときとして力に変わること、不測の事態が人の心を豊かに優しくし、人が予期せぬ出来事に遭遇したときにいちばん創造力を発揮するということを見落としています。

私たちがもう一度、競争心を煽る功利主義的メンタリティーから抜け出し、夢を持つことができれば、私たちには再び生きる喜びを与えてくれる社会が戻ってくるはずです。

人生にはふたつの道しかない。
ひとつは奇跡などまったく存在しないかのように生きること。
もうひとつは、すべてが奇跡であるかのように生きることだ。

——アルベルト・アインシュタイン、ドイツ生まれのアメリカの理論物理学者

ドミニック・ローホー（Dominique Loreau）

著述業。フランスに生まれる。ソルボンヌ大学で修士号を取得し、イギリスのソールズベリーグラマースクール、アメリカのミズーリ州立大学、日本の仏教系大学で教鞭をとる。アメリカと日本でヨガを学び、禅の修行や墨絵の習得などをとおし、日本の精神文化への理解を深める。シンプルな生き方を提唱し、フランスはもとよりヨーロッパやアジア各国でも著書がベストセラーに。著書には、『「限りなく少なく」豊かに生きる』『シンプルだから、贅沢』（ともに講談社）、『シンプルに生きる』『シンプルリスト』（ともに講談社＋α文庫）など。「物心あわせてシンプルになることで、もっと幸せになれる」という主題のもと、筆をとり続けている。

原 秋子（はら あきこ）

フリーランスのフランス語通訳・翻訳家。東京に生まれる。父親の仕事の関係で小・中学校時代をフランスですごす。留学先のグルノーブル大学にてフランス語教師資格を取得。帰国後、神戸ステラマリスインターナショナルスクールにてフランス語を教える。昭和61年度通訳案内業国家資格取得後、数多くの通訳・翻訳の仕事を手掛ける。

バック・トゥ・レトロ
私《わたし》が選《えら》んだもので私《わたし》は充《じゅう》分《ぶん》

2018年11月13日 第1刷発行
2025年 5月 9日 第5刷発行

著者　　ドミニック・ローホー
訳者　　原《はら》秋《あき》子《こ》

発行者　篠木和久
発行所　株式会社講談社
東京都文京区音羽2-12-21
郵便番号 112-8001
電話 編集 03-5395-3522
販売 03-5395-5817
業務 03-5395-3615

印刷所　株式会社新藤慶昌堂
製本所　株式会社国宝社

カバー写真　藤間謙二
《MB_106 Peony, Festiva Maxima》
Ⓒ Kenji Toma, courtesy KANA KAWANISHI GALLERY
装幀　帆足英里子

Ⓒ Dominique Loreau, Akiko Hara 2018, Printed in Japan
定価はカバーに表示してあります。落丁本・乱丁本は、購入書店名を明記のうえ、小社業務あてにお送りください。送料小社負担にてお取り替えいたします。なお、この本についてのお問い合わせは、第一事業本部企画部あてにお願いいたします。
本書のコピー、スキャン、デジタル化等の無断複製は著作権法上での例外を除き禁じられています。本書を代行業者等の第三者に依頼してスキャンやデジタル化することは、たとえ個人や家庭内の利用でも著作権法違反です。
ISBN978-4-06-514115-1